# A vida segue, Bela!

Hércules Maimone

# A vida segue, Bela!

lura

**Gerente editorial**
Roger Conovalov

**Impressão**
PSI7

**Diagramação**
André Barbosa

**Revisão**
Mitiyo S. Murayama

**Imagem da capa**
Danic Lago

Todos os direitos desta edição são reservados a Hércules Maimone Sobrinho

Primeira Edição
**Lura Editorial - 2022.**
Rua Manoel Coelho, 500. Sala 710
São Caetano do Sul, SP – CEP 09510-111
Tel: (11) 4318-4605
contato@luraeditorial.com.br

Todos os direitos reservados. Impresso no Brasil.

Nenhuma parte deste livro pode ser utilizada, reproduzida ou armazenada em qualquer forma ou meio, seja mecânico ou eletrônico, fotocópia, gravação etc., sem a permissão por escrito do autor.

---

Dados Internacionais de Catalogação na Publicação (CIP)
(Câmara Brasileira do Livro, SP, Brasil)

Sobrinho, Hércules Maimone
    A vida segue, bela! / Hércules Maimone Sobrinho -- 1. ed. -- Lura Editorial -- São Paulo, SP : 2022.
    176p.
    ISBN: 978-65-84547-97-1

    1. Memórias  2. Descrições e viagens  I. Editorial, Lura.

CDD: 910

---

Elaborada por Bibliotecária Janaina Ramos – CRB-8/9166

www.luraeditorial.com.br

A minha esposa Karina
e minhas filhas Heloísa, Letícia e Isabela,
sempre minhas maiores fontes de inspiração.

# Sumário

*Prefácio*, 09

Somos cinco, 15

A mudança do centro de gravidade, 29

O cansaço da pandemia, 35

As primeiras lições, 41

A viagem a Salvador, 47

Mais lições e uma promessa, 53

A decisão de ficar no Reino, 59

A chegada a Lisboa, 65

Um jantar com os amigos, 71

Entre as casas de Avis, Habsburgo e Bragança, 75

Com Pessoa, Camões e Saramago, 81

Com Amália, do Paço da Ribeira ao Bairro Alto, 89

Como assim?, 93

A vida é bela,  101

A contraprova (segundo dia),  107

Às calendas e aos idos (terceiro dia),  111

A ressaca (quarto dia),  115

Sob a Lua Nova (quinto dia),  121

Éramos dois: um palimpsesto (sexto dia),  129

Dia de bedel e de farnel (sétimo dia),  135

Um presente antes da Lua Crescente (oitavo dia),  143

O infante e o caminho de casa (nono dia),  151

A chegada ao Brasil (décimo dia),  161

Lisboa ainda nos chama (décimo sexto dia),  165

Pedra e carretéis (décimo sétimo dia),  167

Sobre Oxóssi,  171

*Agradecimentos*,  173

# Prefácio

A História, as histórias e as memórias: uma tríade que marca quem somos, o que fomos deixando marcas para o que seremos ou buscaremos ser. É por meio delas que constatamos os fatos e os consequentes marcos de nossa evolução, da capacidade de nos adaptar, de inovar, da nossa modernização. Interessante e impressionante como Hércules brinca com esses três elementos no seu livro "A vida segue, Bela".

A partir de uma situação inusitada em um contexto de pandemia, de crise, o livro desvenda a nossa capacidade única e singular de buscar os recursos necessários para ressignificar o momento. Durante essa busca, é curioso o percurso que ele faz trazendo as memórias da nossa família, dos amigos e da História. Como um profundo leitor e apreciador da História, Hércules confirma-nos em sua narrativa, como ao longo de anos de circunstâncias, de fatalidades e de adaptação da humanidade, escolhemos os nossos mecanismos de enfretamento, tomando-os como uma oportunidade para novos caminhos, novas ideias e perspectivas. Somos capazes de construir um novo centro de gravidade.

A impermanência da vida revelou-se de maneira gritante durante a pandemia. Desconheço alguém que não tenha sido impactado por uma de suas consequências ou que, minimamente, tenha refletido sobre o que passou, está passando e passará. O fato é que se confirmou que as coisas não são e não serão como foram. Tirou-nos de nossa normalidade banalizada para realmente reinventar-nos, de duvidar de tudo que é claro e evidente.

2020 e 2021 foram marcantes para as histórias pessoais com grande impacto no rumo da História e de nossas memórias. Para mim, foram anos inesquecíveis de muitas reflexões e decisões significativas de minha vida. Para tantos, marcadas por tantas dores e tristezas. Apesar de tudo, somos uma família privilegiada, não me canso de dizer e agradecer diariamente.

O fato é que tivemos que forçosamente pausar. Que poder tem a pausa! Quantas lições aprendidas...

Como esposa e personagem da história desse livro, vi o poder da pausa em Hércules. Esse livro é resultado dessa pausa que permitiu sua inspiração, imaginação e criação fluírem. E como é lindo quando chegamos ao estado de *flow*! Admiro a maneira como Hércules conseguiu transcrever fielmente os nossos sentimentos, as ações e as reações desde o início da nossa relação, da formação de nossa família até a nossa experiência na primeira crise sanitária mundial juntos. Em especial, sinto-me encantada de ver sua potência em uma situação tão frustrante e indesejada demonstrando que somos o que escolhemos e não o que acontece conosco.

A beleza de sua escrita traz todas as memórias emocionais que vivenciamos. Ao ler o livro por algumas vezes, fui "raptada" e transportada ao passado, como estivesse ali ao lado. Ao mesmo tempo de forma rápida e tão profunda, num constante e agradável movimento de "idas e vindas" no caminho entre passado, presente e futuro.

Encorajo que mergulhem nessa história e compartilhem de nossas memórias com os ilustres personagens que a História nos brindou.

Karina Pacheco de Castro Alonso Maimone

# *A vida segue, Bela!*

Uma experiência que assolou nossas fronteiras, revirou nossas rotinas, redirecionou nossas expectativas, redefiniu nossos limites e expandiu nossos conhecimentos sobre as pessoas que achávamos que mais conhecíamos:

    nós mesmos.

# Somos cinco

Somos uma família de cinco. Karina e Hércules, juntos há mais de vinte anos, e nossas três filhas: Heloísa, hoje com 18 anos; Letícia, 17 e Isabela, 14. Desde quando nos casamos até o nascimento de nossa caçula, considerávamo-nos nômades. Moramos em vários lugares. Hoje, depois de quinze anos em São Paulo, vejo que deixamos essa vida errática por portos diversos para trás, pelo menos Karina e eu. Somos todos nascidos em lugares diferentes: eu em Campo Grande, sul-mato-grossense; Karina, paulista de Santos; Heloísa, carioca de Ipanema; Letícia, paulistana de Pinheiros e Isabela de Huixquilucan, uma das cidades da região metropolitana da Cidade do México. Somos um retrato de nossas origens somadas às nossas experiências. Carregamos temperos fortes dos lugares onde nascemos e vivemos. Nossa vida familiar foi sempre de muita dedicação aos filhos, ao trabalho e ao conhecimento. As meninas sempre foram muito destacadas em suas vidas acadêmicas, aproveitando-se muito de suas oportunidades para aprenderem. Nós, os pais, constantemente lhes pedindo a atenção aos estudos e instigando-as à curiosidade sobre variados assuntos do mundo.

Sempre fui um leitor voraz, especialmente sobre a história, povos, suas diferentes culturas, religiões e nossa constante evolução. Winston Churchill me inspirou com várias frases, mas uma delas não abandono. Levo-a comigo sempre:

> Quanto mais longe você conseguir olhar para trás, mais longe você verá para frente.

Acho que o fato de eu me dedicar tanto à compreensão dos movimentos passados da humanidade me ajudaram a entender os porquês de tantas coisas no mundo. Por que somos assim e não assado? Por que fazemos as coisas de uma maneira e não de outra? Por que essas regras? Por que esses costumes? Por que, por que e por quê? Enquanto viver, vou seguir devorando livros de história e buscando explicações para tantos porquês. Não guardo a história para mim em um silêncio egoísta. Gosto de falar dela, sobre ela.

Acostumei-me a contar histórias todas as noites às minhas filhas, desde quando eram muito pequeninas. Algumas clássicas de Grimm ou de Andersen. Muitas verdadeiras, adaptadas às personagens da ficção tradicional infantil ou juvenil, brasileiras ou estrangeiras. Casos indecifráveis, resolvidos pelas astúcias de Hercule Poirot e de Sherlock Holmes, juntos no Expresso do Meio Oriente, transbordados de costumes da região para que elas entendessem as Arábias, a Pérsia e a Índia. O arguto Arsène Lupin, quando ainda nem havia a série da Netflix, a criar e resolver confusões pelas terras gaulesas. Não faltaram histórias de Roma e sua loba, maternalmente dedicada a Rômulo e Remo, Nero e sua piromania, Calígula e seu cavalo Incitatus, os Impérios Bizantino, Turco-Otomano, Austro-Húngaro, Khmer, Mogol, Japonês, Brasileiro. Os Incas, Maias, Astecas, Apaches, Mapuches, Quechuas, Guaranis e tantos outros. As Guerras Púnicas destronando os cartagineses, as Napoleônicas varrendo a Europa e deslocando a coroa portuguesa para o Brasil. D. Maria I, a Piedosa, em Portugal e a Louca no Brasil, D. João VI, o Clemente, e sua pérfida Carlota Joaquina, enfim um montão de fatos e acontecimentos adaptados às personagens da Turma da Mônica, ao folclore brasileiro, Asterix e Obelix e a tantos outros que hoje fogem a minha memória, mas que remanescem em saudosas lembranças delas. Quando lhes contava as histórias e à medida que identificava maior interesse por alguns assuntos, apurava minha imaginação naquele sentido e direcionava o enredo para satisfazê-las ainda mais, sem nunca perder a autenticidade dos fatos. Em várias passagens, testávamos diferentes possibilidades, ao gosto de minhas freguesas. Abusei dos *roman noir*[1] e dos *roman a la clef*.[2] Meu intuito era que elas, mais tarde em suas aulas de história, reconhecessem, por meio de associações diretas de suas memórias, as histórias contadas. Algumas vezes adormecia antes de terminar meu trabalho. O sono vencia minha criatividade e eu ouvia protestos ásperos das três. As reclamações persistiam no dia seguinte, quando nos juntávamos todos em um dos quartos para a nova sessão de ninar. Mesmo que fizessem de tudo para me manter acordado, foram várias as histórias divididas em capítulos pelo atropelo de meu cansaço. Por vezes, as histórias de ninar faziam mais efeito em mim do que nelas. Ainda que houvesse interrupções de um dia para o outro, o fio da meada não se perdia nunca, muito mais graças à atenção que elas colocavam do que a minha capacidade narrativa. Que saudades tenho dessa época! Queria seguir con-

---

1 Subgênero da ficção criminal em que o certo e o errado não estão claramente definidos.
2 Forma narrativa em que o autor descreve pessoas reais por meio de personagens fictícios.

tando histórias por anos, de assuntos cada vez mais diversos. Acho, no entanto, que estou apenas em um período de pausa. Logo retorno com sessões para os netos e as netas. Espero que eles tenham o mesmo interesse que suas mães tiveram.

Certa vez, fomos ao cinema para assistir ao filme *As aventuras de Peabody e Sherman*, por aí em 2014. Um roteiro infantil fantástico sobre a genialidade de um cão sabe-tudo em companhia do jovem *Sherman* provocaram a imediata associação nas crianças de que papai era o *Peabody*: uma enciclopédia moderna, viva e ambulante que as acompanhava não só para explicar-lhes o que perguntassem, mas também para ilustrar o porquê de tudo. Entrei naquela sala de projeção, despretensiosamente, a fim de me divertir com a esposa e as filhas em mais um dia de cinema. Saí dali surpreso e feliz com a associação que fizeram. Em uma ocasião, ganhei de presente delas uma pequena e simples réplica plástica dos dois personagens juntos, que guardo em minha mesa de cabeceira com muito carinho. Para mim é um símbolo, um troféu que conquistei pela incansável tarefa de educar, de explicar. Hoje, percebo que o interesse que tinham pelas "histórias infantis" o tempo e o vento já se encarregaram de levar, e antes que eu aproveite esse tempo e esse vento para falar-lhes de Érico Veríssimo já me cortam. As histórias que querem ouvir não são mais as minhas. Outras tantas ganharam prioridade. Não me importo. Dou risadas ao melhor estilo dessa geração "kkkkk" e aproveito todas as oportunidades que me oferecem para seguir aumentando o conhecimento delas e o meu.

Guardo as heranças de suas infâncias com um orgulho danado. São anos de resultados superpositivos: três crianças com uma formação linda, seres humanos generosos com projetos sociais executados e em execução, contribuindo plenamente com suas habilidades a serviço da sociedade e de seus progressos individuais. Heloísa, cursando Administração em uma universidade espanhola; Letícia com o passaporte confirmado para a faculdade de Psicologia em uma universidade paulistana e trabalhando suas aplicações para o curso de *Performing Arts* em uma universidade inglesa; e Isabela começando o Ensino Médio combinado ao IB (International Baccalaureate, uma fundação educacional internacional que forma alunos do Ensino Fundamental ao Médio).

O fato é que hoje sou eu que ouço e aprendo, com muito interesse, as histórias que elas me contam. Lembro-me de Heloísa explicando-me sobre as Guerras Sino-Japonesas, o Massacre de Nanquim, a invasão e a ocupação da Manchúria, enquanto eu assistia a uma série sobre a Segunda Guerra Mundial. Não me lembro de ter aprendido sobre isso na escola. À medida que avançávamos sobre os capítulos da série, ríamos juntos, por razões distintas. Ela a debochar de meu interesse em ver imagens originais recuperadas e colorizadas pelos avanços da tecnologia, em vez de assistir às séries e aos filmes mais recentes. E eu ria de felicidade. Todo pai tem o direito inafiançável de ser bobão e babão pelos seus filhos. Não sou exceção à regra.

Heloísa insiste em me pregar o adjetivo de velho. Chegou a essa conclusão em um dia ensolarado de domingo durante o café da manhã em família. Devia ter menos de dez anos de idade. Franzi o cenho e intrigado, perguntei-lhe:

— Helô, por que você acha que papai é velho? De onde vem essa sua conclusão?

E ela respondeu-me despudoradamente:

— Porque você lê jornal no papel, papai. Ninguém mais faz isso hoje em dia.

Uma ilação inapelável. Esbocei um sorriso no canto da boca e fiquei verdadeiramente intrigado. Comecei a entender e sentir em casa o sismo que nos trazem as gerações Z e Alpha. Durante alguns dias, com os meus botões, perguntava incessantemente se não seria capaz de acompanhar as evoluções de comportamento das novas gerações. Em um desses dias tomei coragem, levantei-me pé por pé, sorrateiro, sem nenhum alarde, e liguei para o serviço de atendimento ao assinante. Ouvi uma gravação de que todos os serviços estavam disponíveis no aplicativo da internet em meu celular. Ainda assim, como um velho, esperei para ser atendido e lhes pedi a conversão de minha assinatura para o padrão eletrônico. Eu precisava modernizar-me. Aquilo mexeu comigo. Fiz um grande esforço para me adaptar às leituras dos editoriais, artigos e reportagens na tela; além, é claro, do uso de canais de atendimento mais eficientes e rápidos do que a longa espera pelo telefone.

Ao final do primeiro mês estávamos, uma vez mais, tomando café da manhã juntos quando confessei minha senilidade à Heloísa, concordando com seu argumento original. Disse que, apesar de haver tentado converter-me à leitura eletrônica, ainda preferia o prazer de deletrear página por página do jornal. A leitura eletrônica me parecia muito fugaz, de manchetes. Hoje, sei que não é; mas, naquele momento, fui induzido à superficialidade dos *headlines*.[3] É um hábito difícil de mudar, reconheço; mas consegui combinar as duas coisas. Aquele belo tranco de uma menina me fez refletir. Baixei e segui aplicativos de vários jornais, ampliando minhas perspectivas com um conjunto maior de opiniões. Também baixei outros vários aplicativos para nunca mais esperar por atendimentos, ouvindo as entediantes mensagens e músicas que esses canais nos oferecem.

---

3 Termo para designar manchetes, em língua inglesa.

Depois de muito estudar os caminhos profissionais a seguir, Heloísa decidiu-se pela administração de empresas. Tem um gosto apurado pela matemática, por gestão, finanças e contabilidade. É incrível a determinação que possui. Tenho certeza de que será uma excelente profissional.

Gravado em minha retina, com imagens e textos incríveis, tenho Letícia a me contar sobre o bardo e detalhes de peças aclamadas como Macbeth e Hamlet. Desde muito pequena, sua paixão pelo teatro e pela interpretação me assombram. Algumas vezes, pensei que estava diante de Bárbara Heliodora reencarnada, crítica carioca mundialmente respeitada pelo rigor e domínio do teatro elisabetano, especialmente do poeta e dramaturgo primaz da língua inglesa. Em sua melhor veia interpretativa, tem dileção por Constantin Stanislavski, reconhecido ator, diretor e escritor russo que desenvolveu um modelo de preparação de atores e atrizes para a atuação no teatro, largamente emprestado pelos intérpretes do cinema e da televisão. Ampliou seus interesses e conhecimentos para além do classicismo e apaixonou-se pelos musicais, dominando os circuitos *Broadway*, *off Broadway* e *West End*.

Nem eu nem Karina possuímos formação que pudesse orientar nossas filhas em uma carreira associada às artes, em especial ao teatro, dos dramas e das comédias. Mas somos tenazes. Fomos buscar pessoas que pudessem nos orientar e assim aprendermos juntos. Tivemos a sorte de contar com profissionais competentes: dois grandes atores brasileiros, sendo um deles também diretor; uma psicóloga, historiadora e orientadora que havia nos ajudado anteriormente com os rumos da Heloísa; além da professora de inglês que cultivou o amor pelo idioma em nossas três filhas. Fico feliz em ver como Letícia se move. A paixão é dela, mas o gozo é nosso.

Mais recentemente, assistimos a uma gravação em que ela interpretava Tâmora, na peça *Titus Andronicus*, a mais violenta tragédia de William Shakespeare. Seu trabalho é admirável. Incorpora uma cavilosa e vingativa rainha dos godos, que busca desforra contra o general romano Titus, que a capturou e escravizou. Tâmora casa-se com Saturninus, o novo imperador romano. Tem seu primogênito assassinado e trama o estupro e as sanguinolentas amputações das mãos e da língua de Lavínia, filha do general Titus, por pura vindita. Ah, essa "bardolatria"!

Houve outros tantos: de Edgar Allan Poe, seu monólogo inesquecível de *O poço e o pêndulo*; de Federico Garcia Lorca, o árido *Bodas de sangue*. Letícia às vezes é tímida e cheia de pudores em se mostrar, especialmente aos mais próximos, mas o reconhecimento que ouvimos dos especialistas que a cercam nos dão direção inequívoca. Sobre a ribalta se transforma.

Sua visão humana a fez aproximar-se da psicologia, dos desafios e dilemas dos seres humanos. Que seara mais fértil para alguém que já acumula passagens pelo teatro: a vida imita a arte ou seria o contrário? A mãe, também psicóloga, se esvai em satisfação. Vale destacar que não há, nem nunca houve, influência alguma dos pais em seus processos de escolha acadêmica ou profissional. Elas todas têm a liberdade de escolha, com a indicação de buscar incessantemente o aprendizado e o aperfeiçoamento, em uma recompensadora trajetória que nunca lhes falte sentido. Se um dia ele faltar, reorientem-se. A icônica voz de Elza Soares, interpretando Paulo Vanzolini, soa alto: "Reconhece a queda e não desanima. Levanta, sacode a poeira e dá a volta por cima."

Mais recentemente, Letícia despertou interesse pela alquimia. O olfato a seduziu em direção à botânica e suas essências: vetiver, lavanda, citronela, capim-limão, cravo, canela, dentre outras. Abomina a química, mas se derrete pelos óleos derivados das plantas. Estamos aqui torcendo para que ela e as irmãs tomem o rumo que mais lhes aprouver.

Isabela, a observadora. Impressionante como ela detém a capacidade de capturar todo e qualquer movimento, por mais delicado que seja e sobre qualquer assunto. Extremamente dedicada, seriamente disciplinada, exageradamente responsável, com uma capacidade de execução inigualável e discreta. Ela equilibra todas essas características com maestria. Tem tiradas excepcionalmente vivazes, perspicazes, com humor fino e sagaz. Quieta e irrequieta ao mesmo tempo. A primeira pela imagem que passa e a última pela sua obstinação e determinação. Inteligente e benfazeja. É uma exímia articuladora. Transita com facilidade do modo mais afável ao mais afilado. Direta, reta e precisa. Com ela, não há rodeios. É doce e carinhosa. Para os que a conhecem, o semblante lhe trai, tanto para o contentamento como para a contrariedade.

Há pouco tempo me doutrinava nas profecias do sebastianismo, dando-me conta do desaparecimento do rei português D. Sebastião na batalha de Alcácer-Quibir e a indelével lenda criada desde então. O intrépido rei português se lança em uma batalha entre dois sultões, tio e sobrinho, pelo trono marroquino. O rei arma uma cruzada com tropas portuguesas para apoiar o sultão-sobrinho, mas sucumbe às tropas do sultão-tio, que eram apoiadas pelos otomanos. Ao final da batalha, conhecida no Marrocos como Batalha dos Três Reis, todos os três soberanos perdem a vida. No entanto, a lenda se estabelece sobre o monarca português. Os portugueses se recusam a aceitar a morte de seu líder e ele é esperado, ainda hoje, pelos seus súditos como um Messias que chegará para salvá-los.

O sebastianismo avivou a rica encantaria brasileira, especialmente no Maranhão. O folclore da Ilha de Lençóis, próximo à Baía de Turiaçu, dá conta de que as dunas ali existentes são uma continuidade das dunas marroquinas e que D. Sebastião I teria escondido seu nababesco tesouro sob essas dunas maranhenses. Seus seguidores afirmam que, ainda hoje, não é raro vê-lo em aparições fugazes, montado em seu cavalo em rondas pelas areias.

De alcunha, alma e imagem bela, ainda ressoam os seus pedidos de respeito a sua infância. Como raspa do tacho, Isabela esteve enfronhada com as irmãs mais velhas, convivendo com os avanços da puberdade e da adolescência de modo acelerado, sem necessariamente querê-los. Desde muito pequena, sempre marcou seu espaço. Via a destreza de suas irmãs mais velhas em defenderem seus interesses e nos cutucava acintosamente, a mim e a Karina, com sua clássica pergunta em tom represensivo, buscando nossa aprovação:

— E eu?

Virou bordão. Era simultaneamente engraçado e recompensador ver sua firmeza e determinação na conquista de seu espaço.

Ainda não definiu qual o caminho de sua formação acadêmica. Dias atrás nos disse que fez um teste vocacional. Não se surpreendeu com o resultado. Os campos da saúde humana e da gestão são as áreas de desenvolvimento indicadas. Ela reconhece como possíveis. Karina e eu concordamos com sua avaliação.

Isabela é uma menina que segue seus pais em programas e viagens, justamente como protagonista do zelo e respeito com seu próprio tempo. Ao mesmo tempo, constrói suas relações sociais, começando a delinear suas próprias experiências fora do núcleo parental. Está absolutamente correta.

Não fiz e não acompanhei nada disso sozinho. Eu com ela e ela comigo. Nós nos complementamos. Karina e eu somos cúmplices. Eu a conheci em 1998, na empresa em que trabalhávamos. Já estava ali há dez anos. Ela, recém-chegada para trabalhar no departamento de recursos humanos, chamava-me a atenção com um sorriso que, até hoje, é minha fonte de energia. Bonita, alegre, leve, delicada, jovial, santista, praiana, moderna e elegante: um *mignon*. Eu achava que ela combinava comigo porque eu vinha do Rio de Janeiro, das praias de Ipanema e do Leblon. Na verdade, eu era um autêntico "caipiroca": um matuto sul-mato-grossense metido a carioca só porque se mudou para a Cidade Maravilhosa com dezesseis anos para estudar.

Em pouco tempo, começamos a trabalhar juntos. Eu era responsável pela venda e execução de projetos de tecnologia para empresas de diferentes setores, implantando sistemas de gestão financeira, produção, logística, manutenção, vendas e distribuição. Na época, havia um *boom* de projetos desse tipo e tínhamos reuniões com o time de recursos humanos para buscar a contratação de mais pessoas com essa formação.

Sempre fui um profissional muito rigoroso e ela mais tarde me confidenciaria o quão exigente e chato eu era, sempre em busca de soluções que não eram nem um pouco fáceis de produzir. Lembro-me muito bem da sexta-feira em que, depois de uma reunião intensa entre vários membros do time, liguei para o ramal dela. Ela atende ao telefone áspera, uma lixa:

— Alô, Karina?

— Oi, Hércules. Por favor, por hoje já chega. Não há mais o que discutirmos. Podemos conversar na segunda-feira e retomarmos as questões.

Começou a me cortar e a desenrolar um terço sobre as dificuldades de conseguir o que eu pedira na reunião. Não me dava tempo, seguia falando com um ímpeto maior do que o habitual. De um jeito que não conhecia. Engasgada e sem a presença de outras pessoas, inclusive dos seus superiores, resolveu me "botar no lugar". Eu ouvia inebriado a sua voz.

Para mim, era a candura de um pito dos lábios que eu queria. Descascou o verbo e eu, meio sem jeito, a interrompi. Mudei o rumo da prosa em um tom que não correspondia ao dela:

— Na verdade, não te liguei para falar de nada disso. Acho que podemos falar disso tudo na segunda-feira. Hoje eu quero te convidar para tomarmos um chopp juntos. Você aceita?

Silêncio. Pensei que ela fosse me mandar plantar coquinho, mas não, a ferocidade foi dando lugar à incredulidade e o furor abrindo brechas que eu ia calmamente ocupando.

— Quando?

— Hoje. Na verdade, agora. Acho que a gente vem trabalhando muito e seria legal falarmos de outros assuntos. Rir um pouco. O que você acha?

— Onde?

— Ah, sei lá. Você escolhe um bar bacana por aí e a gente vai.

Já não estava irritada comigo. A voz seguia amansando e eu ganhando terreno. Eu a queria e era hora de apagar uma possível má impressão. Como já disse, sou rígido com os temas de trabalho, mas soube separar o joio do trigo. Aquele sorriso todo e tudo mais me chamavam. Eu, como que encantado por uma Iara, seguia meus instintos.

— Topa? Passo aí e vamos?

Muito tempo depois, ela me contou que naquele dia ela tinha sua mala pronta no carro para viajar para Santos e passar o final de semana na casa dos pais, como fazia sempre. Mas revidou:

— Claro. Espero você por aqui.

Não percebi hesitação alguma. Gostei de tudo: do sermão ao sim. Passei a mão nas minhas coisas e fui encontrá-la. A partir daí, foram várias as nossas saídas. Eu me deixando levar. Estava gostando. Ela também, mas um tanto cuidadosa, receosa. Pela primeira vez, eu sentia que queria algo mais sério. Ela tinha saído há pouco tempo de um longo relacionamento, não queria se envolver com ninguém naquele instante. Papo furado, pensava eu. O momento era meu. Queria a sua companhia e via que ela queria a minha.

Certa vez, em uma reunião na casa de amigos, pedi emprestado ao meu amigo Frank e lhe dei de presente, ou melhor, cantei, *Strangers in the Night*. A letra da canção tinha tudo a ver com ela. "Something in your eyes was so inviting/ Something in your smile was so exciting…". Karina sorri com a boca, com os olhos, com o rosto todo. Acho que já lhes disse que esse sorriso me nutre. Com os anos de convivência, percebi que sua personalidade e seus valores dão muito mais brio a esse sorriso.

Depois descobri que Frank Sinatra não se importaria com meu atrevimento. Se havia uma música que ele odiava cantar era essa. Não escondeu isso ao longo de sua carreira. Reclamava, mas cantava. Era um retumbante sucesso desde que fora lançada em 1966. A canção o manteria nas paradas, desafiando a onda *beatlemaníaca* que assolava o mundo. Melhor cantá-la do que ficar sem um lugar decente no *ranking* da revista *Billboard*, não é mesmo Frank?

A música ficaria marcada como definitivamente nossa. Ao longo de tanto tempo, nossos olhos ainda hoje se encontram e meu coração se acelera quando ouço os primeiros acordes. Se tiver como, puxo-a para dançar *cheek to cheek*.[4] Sou um romântico incorrigível.

Foi no Morro de São Paulo que eu lhe dei o xeque-mate. Não, não estávamos na Bahia, esse morro era um bar que havia na Avenida Brigadeiro Faria Lima, na altura da Vila

---

4 Termo para designar rostos colados, em língua inglesa.

Olímpia, em São Paulo. Sim, o movimento foi meu. Cerquei minha rainha e disse-lhe que daquele dia em diante ela não sairia mais do meu tabuleiro. Surpresa e um tanto manhosa, ela concordou. E cá estamos: somos cinco.

# A mudança do centro de gravidade

Todos nós vivemos as mudanças abruptas que uma pandemia nos impôs ao longo de 2020, 2021 e sabe-se lá quando isso termina. Quando criança, eu pensava que seria convocado para a terceira guerra mundial. Afinal, os flagelos que conhecíamos estavam mais ligados às guerras do que às pandemias. A última doença a cruzar fronteiras com efeitos devastadores havia sido a gripe espanhola, ocorrida entre 1918 e 1920. Tinha infectado aproximadamente um quarto da população mundial, por volta de quinhentos milhões de indivíduos, e dizimado entre vinte e cinquenta milhões de vidas. Há muita imprecisão nos dados recolhidos à época, mas não se pode negar a vastidão de seus impactos. A chamada gripe espanhola foi causada pelo vírus H1N1, o mesmo vírus reaparecido na pandemia de 2019.

Os vírus, como qualquer ser vivo, lutam por sua vida e representam uma constante ameaça aos humanos. A penicilina, poderoso antibiótico, descoberta pelo inglês Alexander Fleming em 1928, foi o mais importante avanço para debelar as bactérias. No entanto, ainda não fomos capazes de descobrir antídotos eficazes e duradouros contra um ser de complexidade infinitamente menor que as bactérias. Engenhosos, transmutam-se como camaleões, os vírus ainda nos desafiam.

De volta às grandes guerras mundiais, elas ceifaram mais de cem milhões de seres humanos, portanto uma proporção maior do que a pior estimativa da pandemia de gripe espanhola. Embalados talvez pela Guerra Fria, Guerra da Coreia, Guerra do Vietnã e outras tantas do século XX, as pandemias ficaram no passado, pelo menos no imaginário de garotos como eu. Não nos enganemos, no entanto, com a ameaça constante de escalada de crises pela disputa de poder e de novos conflitos. De qualquer forma, hoje vemos o quanto estamos suscetíveis aos seres invisíveis. Talvez mais do que aos visíveis. Ademais dos efeitos sobre a saúde humana, inclua-se na conta da pandemia a capacidade de destruírem empregos, forjarem crises socioeconômicas e produzirem discórdia. É surpreendente a extensão do poder que tem um vírus. Há muito que sabemos que eles podem ser usados como armas biológicas. Credita-se ao imperador mongol Gengis Khan e seu exército a precursão dessa ideia no ano de 1346. Em vez de um vírus, os mongóis investiram contra a cidade de Caffa com o uso da bactéria da peste bubônica, dizimando sua população. Caffa é hoje a cidade de Teodósia, na costa da Crimeia, região em disputa entre a Rússia e a Ucrânia. Espero que tenhamos consciência e inteligência coletivas de repudiar as guerras biológicas, ou melhor, as guerras em geral, biológicas ou não. Bactérias e vírus acometem a todos. São soldados que não atacam apenas um lado. Na verdade, não têm lado.

Nosso centro de gravidade, aquilo que nos mantém em equilíbrio, mudou-se, deslocou-se. Não vai voltar à mesma posição. As coisas não serão exatamente como antes. A nova realidade trouxe-nos novos contextos. Será um sofrimento muito grande para aqueles que somente aceitem seguir vivendo no exato contexto do que tínhamos antes. É preciso aprender com isso tudo e dessas lições reorientar-nos. Definamos nosso novo centro de gravidade. Seria acertado recorrer ao inglês Charles Darwin. Ele nos apresentou, desde as Ilhas Galápagos no Equador, a Teoria da Evolução: é o ambiente que determina, de modo natural, a importância das características dos indivíduos; e que os organismos com maior capacidade de adaptação a esse ambiente terão maiores chances de sobrevivência, com um número maior de descendentes. Negar a necessidade de adaptação aos ambientes representa o caminho para a extinção. Não é fácil, sabemos.

As mudanças são necessárias. Elas existem e continuarão a existir e a nos desafiar. Cabe-nos a tarefa árdua de como enfrentá-las, acomodando os interesses crescentes e distintos do pensamento humano. A determinação e escolha de nosso novo centro de gravidade exige, acima de tudo, equilíbrio.

Nossos mecanismos de concertação estão desacreditados, envelhecidos e demasiadamente burocratizados, a ponto de se tornarem lesmas comparadas às velocidades leporinas das mudanças. Nosso *modus vivendi* tem acelerado essa lebre. O século passado e o início deste produziram uma globalização antes inimaginável, impulsionada por avanços tecnológicos, mas que se viu extremamente desafiada pela pandemia. Vimos que modelos de produção globalizados, de logística apurada nas otimizações dos estoques, de capacidade humana em desenvolver soluções pelas especializações extremas em determinadas sociedades ou países cobraram preço alto quando foram rompidos. Essa ruptura, tão profunda e repentina, jamais havia sido prevista. Descobrimos, da noite para o dia, que não tínhamos contingências nem modelos alternativos suficientes que sustentassem nossas demandas. O resultado foi uma crise de abastecimento com a geração de inflação.

É na crise que se mede resiliência e capacidade de superação. Os seres humanos têm todas essas características. Elas emergem quando precisamos delas. Vejamos o exemplo das formigas. As fortes correntezas produzidas em chuvas torrenciais nas florestas tropicais encontram colônias de formigas que, pelo entendimento coletivo, se ligam em sinapses inquebrantáveis e, assim, ousam responder, com pleno sucesso, ao desafio supostamente intransponível das águas. Formam-se pontes com indivíduos da colônia que permitem suplantar a água e salvar uma grande parte deles, num esforço exitoso de uma comunidade. Essa façanha ecológica merece a atenção dos humanos. Como nos organizamos em uma grande sinapse? Como eliminamos diferenças? Às vezes, penso que não será possível, pelo simples caráter imperialista que não abandona os seres humanos. Organizamo-nos em clãs, que criam regras, políticas e modelos, sempre incitando a uma corrida pelo domínio sobre as regras, políticas e modelos dos outros. E é exatamente aí que se comprova a falência dos meios de concertação. Vamos seguir apanhando e não aprendendo que nossa maior fraqueza segue sendo a incapacidade de nos vermos como um só, a incapacidade de entendermos que somos uma mesma raça: a humana.

Novas cepas do vírus da atual pandemia têm se desenvolvido pelo simples fato de que demoramos para alcançar uma imunização mínima que não permita o desenvolvimento de novas versões da doença. Os vírus não veem nações, organizações ou fronteiras. Querem somente células para se hospedarem, nutrir-se delas e multiplicarem-se. Ao se apossarem dessas células podem aniquilar, fulminar vidas.

A busca irrefreável pelo poder cega o ser humano, fazendo-o carregar consigo uma característica que pereniza o imperialismo: o sentimento de retaliação, de revanche, de vindita. As alianças em prol de uma causa ainda não chegaram ao âmbito de toda a nossa civilização. Não nos juntamos para combater coletivamente algo; pelo contrário, especializamo-nos em partes, em pedaços, em partidos. Não há aqui qualquer apologia aos regimes monocráticos, autocráticos; tudo pelo contrário. As diferenças e o debate são sinônimos absolutos de uma sociedade madura e saudável. Minha queixa está sobre a vacilação ou a ausência de vias de concertação, de diplomacia inclusiva e diversa. Nossa sociedade precisa discutir e produzir mais consenso. Consenso não é unanimidade. Consenso é a concordância ou uniformidade de posições, advindas das argumentações de todos, que formam o equilíbrio em um dado ponto. O poder da remissão e da indulgência deve se sobrepor à vingança.

O pensamento econômico, os modelos de produção, de propriedade e de governo também são desafiados por esse imperialismo. Lembro-me de Roberto Campos: expoente do liberalismo, um dos fundadores do BNDES no governo Getúlio Vargas, tendo sido seu presidente no governo de Juscelino Kubitschek; ministro do planejamento no governo Castelo Branco; respeitado embaixador brasileiro tanto em Washington, no governo João Goulart, como na Corte de Saint James, em Londres, pelo governo de Ernesto Geisel; senador pelo estado de Mato Grosso; deputado federal em dois mandatos pelo estado do Rio de Janeiro e imortal da Academia Brasileira de Letras. Em sua autobiografia *A lanterna na popa*, ele pergunta sobre a diferença entre o capitalismo e o socialismo. Muito simples, responde: "O capitalismo é a exploração do homem pelo homem. O socialismo é o contrário." Sábio pensamento a serviço daqueles que se esgrimem entre polos. O mundo está ficando muito pequeno e absolutamente esgotado para tantas disputas inócuas.

Não é possível que estejamos repetindo os anos anteriores às grandes guerras mundiais, ratificando nosso vilipendioso caminho do imperialismo. Já era tempo de termos aprendido, de termos consertado, de estarmos concertados. Precisamos de novos caminhos, de novas ideias, de um novo centro de gravidade.

# O cansaço da pandemia

Como resultado dessa pandemia, ouvimos muitas pessoas reclamarem de cansaço. O ritmo ensandecido de uso dos canais digitais no trabalho, nos estudos, nos serviços, no lazer, nas relações pessoais em quase tudo o que fazemos, combinado à redução dramática de relações interpessoais diretas, são apontados como as causas desse cansaço. A pandemia provocou uma revolução. Os canais digitais, antes tidos como incipientes, passaram a ser tábua de salvação. O todo é hoje outro. As relações se transformaram para não sumirem. Escola, compras, consultas médicas, psicológicas, reuniões, *streaming* em vez de cinema, enfim, tudo mudou.

Já vimos que precisamos de um novo centro de gravidade para nos adaptarmos a essa revolução. É preciso perceber que o fim desse cansaço está em nossas habilidades para nos reinventar. Devemos achar meios para fazer isso, com inspiração darwiniana em vez do viés dantesco ou kafkiano. A ansiedade e a angústia não nos redimirão. Não há nada de errado em pedir ajuda para essa reinvenção, quando for necessário.

Os esforços feitos para vencer esse cansaço podem ser traiçoeiros. Mesmo depois de se adaptar, há sérias e graves recaídas. A principal hipótese para essas recidivas é a esperança de recuperar os modelos pré-pandemia de modo integral. Voltar a viver como era antes. Uma vã tentativa. A recusa em reinventar-se ou as reincidências aos modelos recém-obsolescidos nos faz relevar riscos, reponderar posições, assumir verdades ainda não comprovadas; enfim, tudo o que for possível para se livrar da situação cartesiana e indesejada em que essa pandemia nos meteu.

Deveríamos evitar armadilhas, principalmente as que conhecemos. Muitas vezes, fazemos vista grossa para várias delas e é certo que algumas outras não conhecemos, mas todas produzem dor e sofrimento quando nos prendem. Exatamente essa dor é que reaviva a razão dos indivíduos. As cicatrizes são testemunhas de nossos maiores aprendizados. É por meio delas que reconhecemos nossos erros e omissões. Deixam-nos marcas. Não importa se são visíveis ou não. Seus legados são ferretes ardentes de que não nos esquecemos jamais.

Lembro-me de uma fábula do criador do jogo de xadrez que resolveu apresentar seu invento ao rei. Ensinou-lhe o objetivo, introduziu-o às peças e mostrou-lhe os possíveis movimentos de cada uma, convertendo seu potentado em um exímio enxadrista. Arrebatado com as potencialidades vistas ali e fascinado pelo exercício contínuo e desafiante do pensamento estratégico, o rei decide recompensar seu servo pela magistralidade de sua invenção. Ditoso e cuidadoso, o súdito proferiu seu pedido com singeleza e meticulosidade para não ferir os escrúpulos de seu soberano. De acordo com o rei, seu pedido era, no mínimo, curioso:

— Vossa Majestade faria muito feliz esse seu fiel vassalo se considerasse o obséquio de conceder-me um grão de trigo pela primeira casa do tabuleiro, dois grãos pela segunda, quatro grãos pela terceira e assim, sucessivamente, até a última casa.

Desprecatado, o rei não percebeu o tamanho do pedido. Com a expressão reflexiva, em silêncio, olhos postos no tabuleiro, seguiu com seus botões por mais algumas casas e contou oito, dezesseis, trinta e dois, sessenta e quatro, cento e vinte e oito grãos de trigo. Não completou sua progressão até a sexagésima quarta casa do tabuleiro. Parou na oitava. Basta. Ao cabo da primeira das oito filas do tabuleiro, daria ao inventor o correspondente a um punhado descuidado de grãos que cabiam facilmente nas mãos de qualquer criança do reino. O rei então voltou-se ao inventor e disse:

— O seu pedido é deveras extravagante. Mais ainda é incompreensível e barato. Esperava interceder com ouro, prata ou pedras preciosas. Imaginei fazê-lo um dos nobres fidalgos de minha corte.

O inventor ouvia ao mesmo tempo em que seguia desdobrando-se em reverências ao monarca, com simplicidade e recato. O rei, ainda que intrigado, sucumbiu aos salamaleques e ao rogo de seu escudeiro. Mandou que seus asseclas providenciassem o pagamento da recompensa àquele pobre-diabo. No dia seguinte, um séquito liderado pelos ministros e matemáticos do reino acorria-lhe para explicar a impossibilidade do cumprimento de sua ordem. O rei ouviu atentamente as explicações e justificativas. O número de grãos de trigo era tão grande que não haveria estoques na terra suficientes para o pagamento do que havia sido pedido. Verificados os cálculos, a dívida somava vários quintilhões de grãos. Ninguém fazia ideia da dimensão daquela quantia. Era impagável.

O rei aprendeu que decisões impetuosas são normalmente arriscadas e prenúncios de desastres. Estava diante de uma ameaça real a sua coroa, pela exiguidade de seu julgamento. Expunha-se ao juízo de seus súditos como um rei inábil, de inteligência mediana, que negociava as riquezas de seu reino e o trabalho de seu povo de modo medíocre. Com tanto desprezo, não mereceria coroa. Como diz o velho ditado latino: *Vox Populi, Vox Dei.* A negligência poderia custar-lhe o trono. Foi então que o rei virou a mesa com astúcia. Propôs que o inventivo súdito contasse os grãos de trigo, um a um, até que se completasse o pagamento da dívida. O velhaco não teria tempo de vida suficiente para o cumprimento da tarefa. O que era impagável tornou-se incontável e, com isso, o rei mantinha sua coroa sobre a cabeça.

Uma teoria muito interessante é aquela apresentada no livro *Rápido e devagar: duas formas de pensar*, de Daniel Kahneman, psicólogo, doutor pela Universidade da Califórnia em Berkeley e emérito professor da Universidade de Princeton. Foi laureado em 2002 com o Prêmio do Banco da Suécia em Ciências Econômicas em memória de Alfred Nobel, também conhecido como Prêmio Nobel de Economia. Daniel trabalhou com Amos Tversky, a quem ele atribui uma excepcional colaboração nas teorias apresentadas no livro e que faleceu antes de sua publicação.

O livro relata a existência de dois sistemas de funcionamento do cérebro das pessoas: um rápido e outro devagar. O primeiro trabalha por inferência, por impressão com base em conceitos previamente formados em nossa mente. Como todos nós temos viés em nossos pensamentos, é no sistema um que ele fica armazenado. As conclusões são rápidas e baseadas nas concepções e experiências prévias que acumulamos em nossa vida, indicando assim o viés de entendimento de situações ou resolução de problemas. O segundo requer cálculos, demonstrações e cientificismo comprobatório. Não parte de ideias ou pensamentos pré-concebidos; pelo contrário, elimina todos eles e parte para a formulação de hipóteses, que somente serão convertidas em teses com base em suas comprovações ou evidências. Requer mais tempo, portanto. É necessário recolher dados, certificá-los, testá-los, contrapô-los, desafiá-los à exaustão até que sejam conclusivos. Daí o conceito de rápido e devagar, associados respectivamente aos sistemas um e dois.

A decisão do rei, ao concordar com o criador do jogo de xadrez, foi baseada em seu sistema número um de decisão, aquele que estimou uma resposta sem base científica. Fosse o rei cuidadoso e tomasse mais tempo para a tomada dessa decisão, descobriria que o pedido era impossível de ser atendido e, certamente, recusaria a recompensa requerida ou ofereceria outra que fosse mais razoável. Assim somos todos nós, guiados por nossos impulsos, pelos vieses de pensamentos, por suposições que se confrontadas com o zelo da comprovação científica podem modificar nossos próprios vereditos.

A insistência no sistema breve de decisão produz erros sucessivos e transforma-se em fonte inesgotável de cansaço. É o aprendizado, em especial sobre as marcas de nossas cicatrizes, o que nos sobrepuja, o que nos faz crescer e entender que decisões pensadas, desafiadas, com tempos de maturação maiores têm maior probabilidade de êxito, que, uma vez alcançado, nos enche de serotonina, o hormônio da felicidade. Esse ciclo, do erro ao aprendizado, não merece ruptura. Seus estágios precisam se completar de modo a que gerem pontos de inflexão em nossos círculos viciosos. Nunca é demais buscar o sentimento de dever cumprido, de satisfação e de contentamento consigo mesmo. É prêmio máximo pelos esforços empregados, recompensa pelos tombos, pelos desvelos, por você.

As lições aprendidas traquejam um indivíduo. De sua obstinação dependerá o quanto ele fraquejará diante de seu sistema efêmero de decisão.

Minha decisão de escrever e publicar este livro é para contar-lhes como uma decisão que fiz por meio de meu sistema um de pensamento trouxe aprendizados importantes para mim e para minha família, permitindo que um propósito descobrisse outro e que uma fatalidade se convertesse em oportunidade.

# As primeiras lições

Somos uma família que gosta muito de festas. Adoramos receber os amigos em casa, com ou sem motivos. De convescotes a rega-bofes, em dias tradicionais de festas como os aniversários, Dia das Mães, Dia dos Pais ou feriados como Páscoa, Natal e *Réveillon*. Já organizamos até mesmo festas para comemorar os dias nacionais de países onde moramos, uma verdadeira embaixada. Confrarias de vinho, aos montes. Creio que nossa ascendência mediterrânea deu impulso a essas características. Não perdemos a oportunidade de nos reunir. Karina tem o espírito e o gosto por organizar tudo. Impressionante o seu cuidado com os mínimos detalhes.

No início de 2020, de um dia para o outro, a pandemia nos roubou esse prazer e não a devolveu totalmente até hoje. Os níveis de estresse a que chegamos nos remetiam a situações que me lembravam a infância, vendo o filme ET, o extraterrestre, de Steven Spielberg. A cena era a de que a polícia buscava pelo extraterrestre com roupas de proteção que mais pareciam astronautas. Tinha a impressão de estar usando uma daquelas indumentárias ao sair de casa. Era máscara, luvas, álcool em gel e o receio de encostar em tudo. Parecia que andava no ritmo da cena do filme, em câmera lenta, e que ouvia música de suspense em meu inconsciente no mesmo compasso.

Começamos a sentir falta dos amigos, muita falta. Foi quando sucumbimos às reuniões virtuais. Começamos a marcá-las. Alguns de nossos amigos tinham mais gosto e entravam nas videochamadas, outros nem tanto. De fato, eram estranhos os encontros pelas telas de computadores, mas ajudavam a preencher a lacuna que nos acompanhava. Falava-se de tudo, sendo que alguns assuntos eram recorrentes: as mudanças que o vírus provocava na rotina de todos, o pavor da doença, os riscos de cada pessoa, relatos do que havia acontecido com algum conhecido. Enfim, tudo o que cercava o tema do vírus e uma persistente pergunta: quando isso tudo acabaria?

Mesmo com o artifício das reuniões virtuais, nossa saúde mental, em um isolamento tão agudo, começou a apresentar sinais de esgotamento. E foi para fugir dessa perspectiva que Karina me buscou para avaliarmos juntos a possibilidade de recebermos um casal muito querido em casa. Questionamos os rígidos protocolos de segurança e, confesso, relaxamos. Confirmamos o jantar na crença fiel de que tudo correria bem, afinal não havia nenhuma indicação de sintomas ou problemas em ambos os lados. Tudo organizado, aproveitamos muito. Trouxeram seu casal de filhos e lembro-me de haver bebido alguns bons vinhos italianos, um especial da adega dele. Que bom reencontrar os amigos! Que bom ir além daquela cantilena amuada vivida desde o início da pandemia! Estávamos convencidos que poderíamos organizar reuniões com amigos que concordassem em furar o bloqueio. A cena do crime poderia ser nossa casa, afinal bares e restaurantes estavam com suas portas fechadas e nós acreditávamos que, desde que estivéssemos em poucos com convidados livres de sintomas, estaríamos em uma redoma segura. Ledo engano. O telefone toca três dias depois do jantar. A esposa reportava o contágio do marido e seu relativo estado crítico. Ficamos muito preocupados. Apenas o marido e um dos filhos foram contaminados. A criança completamente assintomática e ele, de molho na cama. Dias depois, ligou-me para gentilmente pedir desculpas pela fatalidade. Recusei o pedido e disse que ninguém poderia saber se o contágio tomou a via que ele descrevia ou a contrária. Por que não pensar na possibilidade de que eu ou Karina fôssemos os hospedeiros do vírus?

A partir dos alertas recebidos dos amigos, soava sem parar em minha cabeça a música do filme *Psicose*, de Alfred Hitchcock. Começamos a torcer para que o vírus estivesse adormecido, lesado ou distraído durante nosso jantar. Ele poderia não se manifestar em alguns indivíduos, afinal havia relatos de seres humanos que eram imunes ao vírus, mesmo tendo convivido com pessoas contaminadas. Já falamos sobre a sanha pela vida que todo vírus tem. Pois dito e feito. Era uma sexta-feira e no final do dia fui cumprir minha rotina de correr na esteira. Quando voltei, tomei uma ducha e fui dormir cedo, pois sentia-me muito cansado. Não imaginei que fosse o vírus. Pensei apenas que havia me esforçado demais na corrida. No dia seguinte, acordei sem conseguir me levantar da cama. Tinha dores de cabeça e nas juntas, os olhos pesados e febre. Eram sintomas suficientes para comprovar meu contágio.

Custou um dia a mais para que Karina estivesse deitada, ao meu lado, em situação equivalente. A ela o vírus lhe cobrou preços mais altos, comprometendo-lhe parte dos pulmões. Nada que justificasse internação, mas um par de visitas ao pronto-atendimento dos hospitais. Comigo, a boa e velha dipirona, ingerida aos montes, respeitando somente os intervalos mínimos rezados em bula, foi o que resolveu. Aplacava minhas dores e febre. Karina recorreu a coquetéis mais poderosos. Tínhamos atendimento médico por telefone, mediamos a saturação com um oxímetro e fomos lentamente provando todas as mazelas, médias e brandas, provocadas por aquele bárbaro germe. Faltava-nos força. A cama era nosso lugar comum. Passávamos horas deitados em condição extenuada, com dores, sem paladar e sem olfato; mas jamais fomos além disso. Acompanhávamos, consternados, os efeitos mais fortes sobre a vida das pessoas, pensando em como atenuar todo aquele sofrimento. Vidas levadas de roldão e sistemas de saúde operando alarmados pela situação e sobrepujados de seus limites.

Ao cabo de duas semanas recuperamo-nos, mas não sem que Karina acusasse sequelas. Passou a trocar palavras à medida que desenvolvia um pensamento, à medida em que argumentava. Nunca isso havia acontecido. Comentava suas ideias confusas de modo convincente, claro e concatenado, certa de que não havia absolutamente nada fora do lugar ou de contexto. Fico pensando, será mesmo um efeito desse vírus? Como pode? Em uma reunião familiar, dizia:

— E fecharam a apresentação com chave de olho.

— Hein? Não seria chave de ouro?

Pois virou olho. A lista é muito extensa e, em geral, hilária. Um outro esquete de sua autoria:

— Encontrei-me com o rapaz e ele estava magérrimo. Era pelo e osso. De dar dó!

Pelo e osso? Tentei imaginar como seria: um faquir indiano nu, daqueles muito magros, deitado sobre uma cama de pregos, e bem peludos. Pelos por todos os lados: cabeleira emendada à barba e às grossas sobrancelhas, daquelas que não se vê os olhos, com pelos saídos do nariz, das orelhas, do peito, das costas, mãos, pés, dedos, braços, axilas, pernas, pubianos… e chega! Melhor alertá-la que se enganou.

— Ka, não seria pele e osso?

— Sim, e o que foi que eu disse? Pele e osso!

Solta essas pérolas sem se dar conta. Troca palavras, sílabas e às vezes sentido das coisas. As meninas transformaram os atos falhos da mãe em memes. São constantemente lembrados, sempre recheados de riso e graça.

De meu lado não culpo a doença, por nada, por sequela alguma. Apenas notei que minha recuperação foi lenta. Meu gosto pelas corridas sobre a esteira ergométrica teve que esperar por longas semanas e o retorno foi aos poucos. Primeiro às caminhadas e depois à velocidade.

Nossos amigos em São Paulo recuperaram-se todos. Nossas filhas não se alistaram ao vírus, passaram incólumes. Sorte a nossa, pois se não fossem elas a coordenar a vida de casa não sei o que faríamos. Karina e eu ficamos pensando sobre a hipótese de que a pandemia e nosso contágio nos agarrassem alguns anos atrás, com as três ainda crianças. Como faríamos? Não havia a opção de chamarmos os avós para ajudarem. Com idades avançadas e seguramente mais suscetíveis aos efeitos da doença, seria um risco impossível de tomar. Somos muito gratos a elas pelo modo como nos ajudaram, pelo carinho e preocupação demonstrados e pela competência com que administraram tudo. Em nossas reflexões conjuntas, aprendemos que no binômio risco e recompensa, a subestimação do primeiro destrói a visão positiva do segundo.

# A viagem a Salvador

Havíamos programado uma viagem a Salvador no início de novembro com a família toda. Já tínhamos estado em várias praias da Bahia, tanto ao norte quanto ao sul de Salvador, mas nunca na capital. Resolvemos mantê-la. Era hora de acertarmos isso, pagar a dívida com São Salvador. Nossas altas médicas estavam prontas na semana anterior à viagem e resolvemos então seguir para a Bahia. A recomendação médica era de que não exagerássemos fisicamente, pois ainda nos sentíamos cansados, por vezes exauridos, quando fazíamos algum esforço adicional.

Ah, Bahia! Lugar único. Expressão de brasilidade, recôncavo do Atlântico, louvada por tanta intelectualidade, bendita pelo sincretismo de credos, pigmentada pelo caldeamento de raças diversas, debruada em fitas das cores da benquerença ao Senhor do Bonfim, salgada pelas águas manteadas e azuis de Inaê, de Janaína, de Marabô, machadada pelos raios justiceiros de Xangô, riscada no vento pelos golpes de capoeira e compassada pelos ritmos de seus tambores, atabaques e berimbaus em ladainhas, chulas e quadras. Salvador é um espetáculo!

Mesmo sendo um menino grapiúna — nascido no cacaueiro sul da Bahia —, Jorge Amado a descreve com uma verve invejável no saboroso O sumiço da santa, um de seus últimos livros, digna de quem conhece sua história, sua geografia, suas riquezas, seu propósito e principalmente a sua gente.

Fui vê-lo em sua casa, no Rio Vermelho. Encontrei-o na eterna companhia de Zélia. Grandes. Imorredouros. Donos de lembranças e de vivências espalhadas pela casa e pelos seus jardins: Exu, mensageiro ali cravado em sentinela, guardava os movimentos de entrada e de saída, dava conta de Florípedes na cozinha, de Vadinho a boliná-la e de Teodoro Madureira a admirá-la; da apatacada e iluminada Tieta do Agreste, fustigada por sua irmã Perpétua, eternamente enlutada; de Tereza Batista acomodando seu belo regaço em uma rede rendada armada no alpendre; de Dom Maximiliano von Gruden buscando desesperadamente pela imagem de Santa Bárbara, a do Trovão e de Adalgisa prestando contas à vizinhança enquanto aguarda sua inevitável transformação; de Antônio Balduíno incitando paralisações, greves; de Quincas berrando a desventura de beber água e a aventura de suas tantas mortes; do turco Nacib espreitando as curvas de Gabriela, de Maria Machadão organizando viagem a Ilhéus, ao Bataclan[5] para visitar as mesas de bacará, as roletas e as quengas; dos Capitães que da areia vinham para avançarem sobre os apetitosos quitutes de Dona Flor e do poeta romântico Castro Alves que de seu Navio Negreiro cantava A Bela Casa do Rio Vermelho, em retribuição ao ABC[6] que recebera de Jorge.

---

5 Famosa casa de prostituição, cabaré e cassino, situada no centro histórico de Ilhéus e frequentada pelos antigos coronéis da região cacaueira do sul da Bahia.

6 ABC é um gênero literário de forma poética com origem na Idade Média. Com o passar do tempo, popularizou-se, tendo a literatura de Cordel como sua atual máxima expressão no Brasil. Em geral, um ABC clássico requer versos em redondilhas maiores de sete sílabas, organizados em sextilhas (estrofes com seis versos).

Aproximei-me de Exu e lhe disse:

— Laroiê,[7] Exu! Que casa cheia essa de Jorge e Zélia! Não podia imaginar tanta gente assim.

E ele me respondeu:

— Vassuncê num viu nada. Deve de retornar, depois que os *ôio* passar nos escritos todos do homem e da mulher desse lugar. Só assim vai enxergar a quantidade de gente que aqui vive a morar.

— Saravá! — respondi, com os olhos pregados na negritude daquele Exu, com Mãe Meninha do Gantois na quina do meu olhar, filmando passivamente a cena de minha conversa com o orixá.

Jorge me ditara o roteiro para visitar Salvador, com detalhes adicionados por Zélia e a firme recomendação de que não perdêssemos o acarajé da Cira[8] e as iguarias da Casa de Tereza.[9] Dali mesmo fomos ver e provar o que havia no tabuleiro e no restaurante das baianas. Três meses depois de saborear seu acarajé com um ardor impiedoso de pimenta rica na língua toda, soube que Cira resolveu ter com Jorge. Subiu para agradecer as tantas indicações. Não desce mais. Tereza segue firme. A indicação de sua casa e cozinha veio de um amigo e sócio mineiro, do triângulo, de alma e esposa baiana, de visão e repertórios amplos, pra lá de apreciáveis. Outro sócio, esse paulista, mas que já havia morado em Salvador, abençoou.

Fizemos uma longa caminhada entre a Praça Castro Alves e a Igreja do Santíssimo Sacramento da Rua do Passo, passando pelo painel de Carybé à Rua Chile, pela Catedral Basílica de Salvador, pelo Terreiro de Jesus (que nome incrível, até os

---

7 Saudação destinada ao orixá Exu.
8 Cira foi uma das quituteiras mais famosas da Bahia, com um tabuleiro situado no Rio Vermelho, em Salvador.
9 Famoso restaurante especializado na cozinha baiana, com uma venda de produtos típicos, comandado pela chef Teresa Paim e localizado no Rio Vermelho, em Salvador.

logradouros de Salvador são sincréticos), a Igreja e o Convento de São Francisco, o Pelourinho, a Igreja de Nossa Senhora do Rosário dos Pretos e a Baixa do Sapateiro. Precisamos parar várias vezes, para que Karina e eu recuperássemos o fôlego. O ritmo era de moderado a lento. Descemos ao Mercado Modelo pelo Elevador Lacerda, lamentando o fogo que lambeu a escultura de Mário Cravo Júnior na Praça Cairu. Dentro do elevador nos encontramos com o preto Gil que nos deu aquele abraço, entregando-nos régua e compasso. Com eles, medimos a distância da Igreja de Nossa Senhora da Conceição da Praia até a Igreja de Nosso Senhor do Bonfim. Descobrimos que o percurso da procissão para a lavagem das escadarias do Bonfim é muito longo. Subimos as escadarias regadas com água de cheiro para confiarmos nossos desejos às fitas de cores vivas que amarramos nos gradis protetores do átrio do Bonfim. Assim nos ensinou uma senhora muito respeitada, que nos guiou carolamente pela nave central desse monumento colonial. Perguntei-lhe a sua graça. Respondeu-me:

— Dona Canô, de Santo Amaro.

Convertidos ao sincretismo, Karina e eu levamos para casa as imagens da beleza cerúlea de Iemanjá e da justiça aguerrida e encarnada de Xangô, comprados em uma bela loja no Terreiro de Jesus. Pena não ter encontrado Oxóssi, divindade que representa as florestas e os animais. Aquele que provê o alimento por meio da caça. É o orixá do conhecimento e da sabedoria. Hábil, ligeiro e astuto. Amante das artes e das coisas belas. Um otimista que preza a liberdade de expressão. Diziam-me as meninas que esse seria meu orixá, segundo as suas atentas pesquisas sobre o candomblé e suas leituras sobre o pai. Exclamei:

— Oquê arô,[10] Oxóssi!

---

10 Saudação destinada ao orixá Oxóssi.

— Oquê, oquê! — responderam as três.

Fomos obstinados em cumprir o roteiro presenteado pelos amigos Jorge e Zélia, graças a Deus. Pensamos em voltar para agradecê-los, mas sabíamos que estariam na companhia de Dorival Caymmi, na Lagoa do Abaeté, debatendo os anarquistas e suas influências italianas no Brasil.

Não tivemos tempo nem oportunidade para visitar outros tantos baianos ilustres. Voltaremos, com certeza, à Bahia e à casa do Rio Vermelho, ponto de encontro de tanta gente com quem tenho uma vontade danada de conversar.

Deixamos Salvador com o gosto de quero mais. Inconscientemente, essa viagem nos redimiu, pois finalmente havíamos saído da toca, retornado às praças e às ruas, socializado com pessoas, com vidas, com suas histórias, com suas personagens. Acreditávamos que estávamos imunes ao vírus. A doença seria como uma catapora, um sarampo ou uma caxumba, males que nos acometem apenas uma vez. Depois que nos pegam, nunca mais retornam. Sabemos que isso não foi assim, que muito ainda estava por vir. As vacinas contra aquele dialho estavam em diferentes fases de testes e sem perspectivas de serem disponibilizadas. As brigas políticas mundo afora, sobre o vírus, eram e continuam sendo lamentáveis. As informações científicas que recebíamos eram incipientes e desencontradas. No entanto, a concepção equivocada que tínhamos de doença, de uma só volta, nos fez acreditar que havíamos recebido um passaporte, um documento a ser mostrado ao vírus, provando nossa suposta imunidade.

— *Vade retro Satana!*

# Mais lições e uma promessa

Salve 2021, ano prometido como redentor, mas igualmente difícil. A pandemia resistiu e seus efeitos foram ainda mais agudos. As muitas vidas abreviadas exigiram resignação dos que aqui ficaram. Diante de tantas intempéries, há que se reconhecer que somos privilegiados. Também somos conscientes de nossos deveres com a sociedade. Apoiamos causas que atenuaram os impactos de todos aqueles que se viram assolados pelo desemprego, pelo descompasso mental ou mesmo pelas sequelas da doença. Fizemos isso com a certeza de que é a solidariedade o que dita a velocidade com que nos resgatamos como sociedade plural e geradora de boas oportunidades para todos de modo equânime.

Nossos ensinamentos sobre a responsabilidade social inspiraram Heloísa, que se uniu a algumas de suas amigas e criaram um projeto de apoio às famílias em vulnerabilidade socioeconômica por meio da doação de alimentos e itens de higiene básicos. Deram ao projeto o nome de *Being*[11] e engajaram jovens

---
11 Gerúndio do verbo ser em inglês; sendo.

com a disposição de trabalhar em prol da causa. Desenvolveram uma estratégia exitosa de marketing, comunicação e logística. Alcançaram um volume de contribuições expressivo que foi direcionado para duas ONG cujas estruturas e propósitos eram coincidentes aos do projeto.

Letícia engajou-se em um outro projeto chamado *Cajas de Autoestima*.[12] Organizado pela sua escola, tinha o objetivo de apoiar estudantes em estado de vulnerabilidade psicológica, gerada pelo acúmulo de obrigações em ambientes diversos e modificados pela pandemia. As redes sociais eram os veículos de captura da atenção e do interesse daqueles que se beneficiariam do projeto. Desenvolveram um modelo de comunicação acolhedor, que orientava as pessoas a reconhecerem os sintomas de suas opressões e as direcionava a construírem suas próprias rotas de recuperação.

Em casa, voltamos a um protocolo equilibrado. Implementamos cuidados necessários à convivência longeva com o vírus. Àquela altura, já sabíamos que o fato de termos nos contaminado anteriormente não nos isentava de uma nova infecção. As cepas se desenvolviam em letras do alfabeto grego com variantes conhecidas como alfa, beta, gama, delta, ômicron, mu e lambda. As variantes, por sua vez, se desdobravam em subvariantes com códigos alfanuméricos, armando assim uma intricada rede de mutação do vírus, cada vez mais desafiante para que cientistas e laboratórios pudessem decifrar seu DNA e, assim, avançarem na criação de vacinas e tratamentos para a doença.

Com os imunizantes desembarcados no Brasil, apresentamo-nos a eles em dose dupla, respeitando o ordenamento de suas aplicações. Eu fui o primeiro a tomar e dias depois, Karina. Nessa época, os adolescentes de 13 a 17 anos ainda não estavam autorizados ao recebimento das vacinas, dessa forma,

---

12 Do espanhol, caixas de autoestima.

nossas filhas não tomaram. Depois da segunda dose, imaginamos nossa salvação, novamente sucumbindo ao viés comandado pelo nosso sistema de pensamento rápido. Por experiências passadas, fomos levados a crer que vacinas bloqueiam e anulam a manifestação de moléstias com um grau de certeza quase que absoluto. Acreditamos novamente que nossos passaportes estavam carimbados, que cruzamos a fronteira da realidade e que, ungidos, estávamos imunes a tudo o que é disposto pelo beiçudo. O sistema dois, de Kahneman, nos ensina que não é bem assim; mas quem disse que dávamos espaço para o sistema dois naquele momento?

Retomamos a frequência ao trabalho, aos restaurantes, aos parques, ao clube, enfim, à vida de convívio físico com as pessoas. Foi um grande alento para quem somente visitava mercados e farmácias.

Estávamos próximos do momento de levar Heloísa para Madrid. Suas aulas começariam em setembro e estávamos apreensivos com o processo de organizar sua vida em uma nova cidade, um novo país, longe de casa. Precisávamos alugar um apartamento com outras duas amigas dela e fazer sua vida funcionar de modo independente da nossa: uma experiência rica cercada da habitual frugalidade estudantil.

Karina e Heloísa tomaram um voo para Madrid, com seus passaportes herdados da ancestralidade portuguesa de minha esposa. Apresentaram-se com seus testes de PCR negativos à companhia de aviação. Eu fiquei. Disse-lhes que se a experiência da admissão na Espanha não tivesse maiores percalços, eu tomaria um avião e desembarcaria uma semana depois para passar ao menos alguns dias por lá. Karina e Heloísa desembarcaram em Madrid e tiveram que fazer novo teste, ainda no aeroporto, para comprovar suas condições de saúde. Com os resultados negativos, tiveram a entrada no país autorizada.

Decorrida a semana, animei-me. Comprei a passagem e aproveitei para sair uma semana de férias. Preparei a mala, enterrei um panamá na cabeça e me mandei para o aeroporto de Guarulhos. No guichê, a solícita funcionária da companhia aérea me pede o passaporte e me pergunta o destino. Entrego-lhe o passaporte juntamente com o teste negativo de PCR e digo:

— Vou para Madrid.

Ela me pede ainda o certificado internacional de vacinação, contendo as duas doses recebidas, ao que eu respondo:

— Não tenho duas doses. Tenho somente a primeira. Não tenho o certificado internacional.

Carregava comigo o certificado do estado de São Paulo com a primeira dose devidamente registrada, mas isso era insuficiente. Ela continuava:

— O senhor tem passaporte europeu?

— Não, não tenho.

— Então lamento, mas o senhor não poderá embarcar. Desde ontem o governo espanhol alterou o protocolo de documentação exigida aos passageiros de passaporte brasileiro, incluindo o certificado de vacinação completo, com duas doses, traduzido para o espanhol ou para o inglês.

Ferrou! Sabe quando o tempo para, quando tudo congela e as únicas coisas que você ouve são os latidos de seu coração em compasso com o bafejo de seus pulmões? Pisquei demoradamente e aí estava mais uma lição: tudo pode mudar. Simples assim, um mero jamegão em leis, protocolos e regras e você se vê completamente arrestado, subtraído de seus planos. Estava trabalhando em um ritmo muito acelerado. Feliz da vida, mas precisava parar para tomar um descanso. Foi assim que enchi o peito de vontade e me empolguei com a possibilidade de uma pausa. Havia contratado uma viagem de Madrid para Toledo, ela e eu somente, para tomarmos um tempo, namorarmos e cuidarmos um do outro. Reservei um hotel caprichado na antiga capital da Espanha e programei de passeio turístico com guia a restaurantes. Tudo aquilo ruía naquela longa pestanejada. Não havia o que fazer diante da atendente naquele guichê. Reuni minhas coisas, tirei o chapéu panamá da cabeça e, cabisbaixo, rumei de volta para casa. Dentro do táxi, olhava para o chapéu e contemplava o infinito. A *toquilla*[13] tinha perdido todo o viço. Com um sentimento de impotência, anunciei a desditosa a quem mais me importava, Karina. Sem entender direito e em meio a uma reunião de trabalho, pediu para me retornar em seguida, achando que tudo o que falei fosse uma brincadeira minha. Não era. Quando me voltou a ligação, expliquei-lhe o que acabara de acontecer e foi a vez de ela congelar. Recuperei-me da perplexidade e comecei então a pensar em outros meios de chegar à Espanha, mesmo que partindo nos dias seguintes. Não precisei de muito tempo para me dar conta da pura realidade: eu não viajaria, ponto final. Solicitei o reembolso de minha passagem à companhia aérea e demorei dois longos dias para destilar meu veneno. Retomei a razão e constatei que até aquele momento o que a pandemia tinha me custado não se comparava às tantas vidas perdidas. Eu não tinha o direito de reclamar de absolutamente nada, ao contrário, tinha o dever de voltar imediatamente ao trabalho e, sem reclamações, entreter-me com as minhas obrigações. Era tocar a vida em frente, sem me zangar nem me lamentar com o que havia acontecido. Não havia culpados.

Ao final de três semanas e com a tarefa de instalar Heloísa em sua nova realidade cumprida exitosamente, Karina voltou a São Paulo. Conversamos detidamente sobre tudo o

---

13 Palha com a qual são confeccionados manualmente os chapéus panamá. Em tempo, os autênticos chapéus panamá são originários do Equador, tendo recebido esse nome depois de serem largamente utilizados pelos engenheiros estadunidenses, durante a construção do Canal do Panamá.

que havia sucedido e prometemos que, enquanto tudo isso estivesse assim, não deveríamos inventar nada, ficaríamos em nosso porto seguro, em casa, no Brasil. Combinado, então! Como verão, lamento não ter escrito isso em um cartaz com letras garrafais e pregado no teto sobre a nossa cama. Todas as noites, ao nos deitarmos, Karina e eu iríamos nos lembrar de nossa promessa.

# A decisão de ficar no Reino

Lá pelos idos de outubro, começamos as primeiras conversas em casa sobre as festas de fim de ano. Sempre operamos no sistema de rodízio. Como as famílias de nossos pais vivem em cidades diferentes, Santos e Campo Grande, se em um ano passamos o Natal com uma, o *Réveillon* será com a outra. No ano seguinte, invertemos as posições.

Muito articulada e bem-motivada, nessa mesma época, Heloísa nos chama de Madrid sugerindo passar o Ano-Novo em companhia de amigos em Trancoso, na Bahia. Já havia pesquisado e combinado tudo, faltava o patrocínio do conceito e das finanças junto a mim e a Karina. O pacote incluía uma pousada por uma semana, acomodando três no mesmo quarto com café da manhã incluso; passagens de ida e volta entre São Paulo e Porto Seguro; transporte entre Porto Seguro e Trancoso, também de ida e volta; e convites para as festas programadas para os últimos dias do ano, incluindo a festa de *Réveillon*.

Pouco tempo depois Letícia, prestes a completar dezessete anos, nos pede para ir com a família do namorado passar o

Ano-Novo na casa deles em Florianópolis. Dessa vez, o investimento seria somente das passagens aéreas de ida e volta.

Karina e eu entendemos que um novo ciclo estava começando. Decidimos então que o Natal ainda seria em família, mas para o Ano-Novo as filhas mais velhas já estariam livres para planejarem seus destinos, desde que soubéssemos onde e estivéssemos de acordo com os planos e os seus detalhes. Sendo assim, deveríamos planejar um inédito *Réveillon* a três: Isabela, nossa filha mais nova, Karina e eu. Como o núcleo familiar estaria disperso, Karina sugeriu que não celebrássemos o Ano-Novo em casa. Também que quebrássemos a tradição do rodízio para fazermos algo diferente. A recente saída de Heloísa para a Espanha e a iminente saída de Letícia para potencialmente cursar sua graduação na Inglaterra, mexeram com a sensibilidade da mãe. O cordão umbilical se rompia uma vez mais e era preciso acostumar-se com essa nova fase da vida. A decisão, portanto, caía sobre a possibilidade de uma viagem.

Foi exatamente aí que nos perdemos. De tão empolgados que estávamos com a possibilidade de voltar a viajar, nos esquecemos de todas as lições, inclusive da promessa que fizemos quando eu não consegui embarcar para Madrid, aquela que eu queria que estivesse em um cartaz pregado no teto sobre nossa cama. Nossas memórias não recuperaram as várias conversas que tivemos, ao longo do ano, analisando casos de quem teve problemas com viagens e com as exigências volúveis dos países com relação à pandemia.

Dedicamo-nos a listar os destinos prováveis e foram muitas as alternativas. Estávamos atrasados. O calendário já indicava que as festas estavam próximas. Em algum momento, Karina, sempre muito atenta, lembrou-nos que preferia não sair do Brasil. Pensamos na Bahia, em Itacaré: muito caro e com pouca infraestrutura para o caso de alguma emergência, especialmente de saúde. Consideramos Fernando de Noronha, mais caro ainda e estaríamos em uma estrutura insular, em que o apoio médico e hospitalar seria mais restrito. Não queríamos ir para lugares que já tivéssemos visitado. Nada de repetir destinos. Pensamos na Patagônia chilena ou argentina, descartadas pela negativa de Karina em deixar o Brasil. O tempo passava e as alternativas iam ficando mais inacessíveis, seja porque haviam se esgotado ou porque estavam proibitivamente caras.

Justo eu levantei a possibilidade de Portugal. Há muito que buscamos atracar nas terras lusitanas. Karina é neta de portugueses, emigrados a Santos desde os Açores. Ilhéus de fala difícil, mas de coração imenso. Já havíamos conhecido alguns de seus parentes em visitas à família no Brasil. De meu lado, minha paixão pela história, em particular a história do Brasil, fazia com que eu me empolgasse progressivamente com a ideia. Karina e eu já havíamos estado para aquém e para além da Taprobana, nome antigo dado ao Sri Lanka, país insular ao sul da Índia. Visitamos lugares na África e na Ásia, mas nunca havíamos estado em terras dos reinóis, na antiga metrópole. Em conversas com amigos em São Paulo, incluindo alguns portugueses, constrangia-nos o fato de termos preterido tanto nossa viagem a Portugal. Como era possível que não a priorizássemos, ainda mais com a ascendência de Karina? Foram tantos elogios, verdadeiras loas, dedicadas ao país que não nos custou muito convergir. Outro importante dado era o sentimento de estar em casa: mesma língua, cultura semelhante, vários amigos e alguns parentes estabelecidos na grande Lisboa.

Anunciamos nossa ida. Providenciamos tudo, passagens, carro, hotel, passeios, roteiros, restaurantes para harmonizar a gastronomia e os vinhos portugueses.

Recebemos um convite de um casal de amigos para passarmos o *Réveillon* na casa deles, em Cascais. Por anos, mantivemos uma confraria de vinhos em São Paulo com eles, quando ainda moravam no Brasil. Essa mesma confraria contava com mais um casal amigo, esses morando em São Paulo como nós. Eles estariam em visita por várias partes de Portugal e estavam convidados para a mesma festa de *Réveillon*. Depois de quase dois anos, voltaríamos a nos reunir em confraria. Que beleza!

Isabela inflamou-se também. Dizia que não viajava há mais de dois anos. Tomou a inédita responsabilidade de organizar os passeios, de estudar os recantos, monumentos, locais e agrupá-los por áreas que coubessem em nosso roteiro e em nossos interesses. Apenas os restaurantes ficaram sob as responsabilidades minha e de Karina.

Decisão tomada. Criamos o argumento de que não sairíamos do Brasil. Afinal, Portugal e Brasil estão unidos geograficamente pelo Atlântico. O culpado é o venturoso rei D. Manuel I, que comissionou Pedro Álvares Cabral e suas 13 caravelas em direção às Índias, singrando o caminho já traçado por Vasco da Gama. Os navegadores portugueses já haviam determinado que a melhor maneira de dobrar o tormentoso Cabo da Boa Esperança, ao sul da África, não era margeando a costa africana, mas sim afastando-se dela para que, embalados pelas correntes marítimas, passassem do Atlântico Sul para o Oceano Índico em águas mais calmas. Assim sendo, Cabral e suas 13 caravelas acabaram por distanciar-se demasiadamente da costa africana, encontrando um monte ao sul da Bahia, em uma quarta-feira de Semana Santa, dia 22 de abril de 1500. Ao monte deram o nome de Pascoal, em homenagem à Páscoa, que se aproximava em 26 de abril. Ao Brasil, batizaram-no Ilha de Vera Cruz, imaginando tratar-se de mais um leixão incrustado no Atlântico. Cabral vinha acompanhado de um conjunto de navegadores experientes, dentre eles Bartolomeu Dias, o descobridor do Cabo da Boa Esperança, que morreu quando sua nau sucumbiu a um forte temporal na viagem do Brasil ao Cabo, logo depois de terem deixado a Ilha de Vera Cruz. Seu irmão, Diogo Dias, outro experiente comandante também integrante da expedição de Cabral, separou-se dela e veio a descobrir a Ilha de São Lourenço, hoje conhecida como Madagascar, na porção sudeste da África.

Foi Pero Vaz de Caminha, no dia 1º de maio, quem escreveu a certidão de nascimento do Brasil Colônia: primeiro formato de organização geopolítica do Brasil, que vai até o dia 16 de dezembro de 1815, tendo D. Maria I como sua última monarca. A partir de então, o Brasil foi elevado à condição de Reino Unido de Portugal, Brasil e Algarves, sob a regência de seu filho, o Príncipe D. João VI, substituindo-a em razão de seu estado de demência.

Se durante 315 anos os portugueses navegaram de lá para cá e daqui para lá, como se o mar fosse uma possessão deles, para estabelecerem um Reino supra continental, por que não os seguir? Por que não admitir que não há nada que separe o Brasil de Portugal? Karina dava-se assim por satisfeita. Não precisávamos sair do Brasil. Estávamos nos domínios do Reino de Portugal, Brasil e Algarves.

# A chegada a Lisboa

Embarcamos de São Paulo para Lisboa na tarde de 27 de dezembro. Haveria uma parada em Londres para uma conexão, não tão rápida, suficiente para esticarmos as pernas, tomarmos um café e passearmos por algumas lojas e livrarias. É sempre muito bom ver alguns títulos em outras línguas. A parada em Londres era nosso protesto contra pagar preços tão aviltantes cobrados pelas companhias aéreas em voos diretos, às vésperas de feriados como o Ano-Novo. Um voo com escalas seria muito mais confortável ao bolso.

Na sala de espera em Heathrow,[14] enquanto aguardávamos o voo de conexão, recebemos um convite para jantarmos naquela mesma noite com uma de minhas sócias, cujo companheiro é português e que em razão disso é assídua frequentadora da ponte aérea São Paulo–Lisboa. Havia chegado a Portugal alguns dias antes. Ficamos muito felizes com o convite, afinal Karina e eu conhecemos e mantemos uma grande amizade com minha sócia há muitos anos. Confirmamos nossa presença e ouvimos, de imediato, o velho bordão de Isabela:

---

14 Maior e mais importante aeroporto de Londres, no Reino Unido.

— E eu?

Perguntei então se ela queria ir e, ao seu sim, confirmamos o jantar para cinco em um restaurante a ser sugerido por nossos amigos.

Na tarde do dia 28, pousávamos em Lisboa, finalmente. Três vivas a Ingl..., não, nada disso. Três vivas a Portugal. Nossa primeira visão foi de que estávamos em casa. Do aeroporto ao hotel, muitas passagens nos remetiam a costumes brasileiros, lugares e situações muito parecidos aos nossos. Alugamos um carro para cumprir os roteiros mais distantes como Cascais, Estoril e mesmo Sintra, esse último se nossa guia Isabela conseguisse acomodar a visita em nossa apertada agenda. Nosso retorno estava programado para o dia 3 de janeiro, com chegada ao Brasil na manhã do dia 4.

Ao darmos entrada no hotel, apresentamos nossos testes negativos de PCR, feitos no Brasil e que serviriam por 72 horas, cobrindo assim o voo e o registro de nosso *check-in* no hotel de Lisboa. As notícias que ouvíamos antes do embarque não eram boas com relação ao enrijecimento das regras e dos protocolos em toda a Europa. Portugal não era diferente. A variante ômicron se alastrava como um rastilho de pólvora. Os hotéis, bares, restaurantes e museus passariam a exigir a comprovação de não infecção, por meio de testes PCR ou antígenos, de todos aqueles que quisessem ingressar em seus recintos, começando já no dia 29. O teste realizado no Brasil somente nos cobriria até esse mesmo dia. Prontamente, a recepcionista nos informou que o hotel providenciava, em suas instalações, os testes de PCR. Os antígenos, com validade de 24 horas, somente poderiam ser feitos nas farmácias ou postos públicos espalhados pela cidade. Ali mesmo definimos que no dia seguinte, logo cedo, faríamos novos testes, aproveitando as facilidades do hotel. Isso colocaria nossa documentação em dia e assim não teríamos problemas para fazer os passeios programados.

Acomodamo-nos confortavelmente no quarto 323. Era espaçoso. Tinha uma cama de casal com ampla banqueta mocha ao seu pé e um sofá-cama que, aberto, ainda deixava espaço para uma circulação fluida. As camas se posicionavam uma ante a outra e eram guarnecidas, em ambos os lados, por mesas de cabeceira com e sem gavetas. Abajures estavam assentados sobre as mesas de cabeceira que guardavam o sofá-cama e pendentes iluminavam as outras duas. Na parede atrás do sofá-cama, havia um espelho pendurado com uma moldura dourada, dando amplitude ao quarto. Duas grandes janelas guilhotinas, ao lado da cama e do sofá-cama, davam claridade ao ambiente sem incidência direta do sol. Na parede oposta, ao lado da cama, três fotos de Lisboa antiga. No meio do quarto, contávamos com uma mesa de trabalho retangular, em mármore emoldurado por madeira e com pés de metal. Repousavam sobre ela uma pequena luminária e um discreto retransmissor de sinal para internet. Duas confortáveis poltronas em couro e madeira completavam a mesa. Uma cômoda alta, em sucupira, sustentava uma generosa televisão que, pivotada, servia tanto à cama como ao sofá-cama. No interior dessa cômoda, havia uma cafeteira expressa e um frigobar, com provisões que os hotéis nos oferecem a preços proibitivos. A televisão nos dava acesso aos canais a cabo e a filmes que podíamos alugar, desnecessários aos nossos propósitos em Lisboa. Da porta até o dormitório, havia um acesso ao banheiro por meio de um pequeno closet de passagem, com um cofre ali instalado. O banheiro era amplo e claro, com um caudaloso chuveiro de teto e uma banheira de bônus.

Nosso agente de viagens e o hotel nos regalavam uma carta de boas-vindas sob uma sugestiva meia garrafa de vinho do porto *tawny*,[15] colocadas sobre a mesa de trabalho, à plena vista de quem ingressasse no quarto.

Isabela arrependeu-se de sua decisão de nos acompanhar no jantar. Queria ficar no hotel. Sabia que o programa seria regado a conversas de adultos. Sua aparência entregava uma visão de cansaço do voo e de algo mais. Uma prestativa camareira preparou seu sofá-cama e ali mesmo ela desabou. Preferia recuperar-se para os passeios do dia seguinte e disse-nos que pediria algo para comer pelo serviço de quarto. Concordamos. Ao longo do voo, ela se queixou muito, dizendo-nos que não se sentia bem. Acusava uma dor de garganta. Já estamos acostumados com as reações de Isabela aos voos. Em nossa viagem de São Paulo a Johannesburgo, na África do Sul, em 2018, ela teve um mal-estar e uma dor de garganta aguda durante o voo. Teríamos uma conexão de Johannesburgo para a Cidade do Cabo em poucas horas e eu preocupado em como resolver o problema, pensava em remarcar o voo para a Cidade do Cabo e buscar em Johannesburgo um médico ou uma clínica que a examinassem. No voo, seu rosto se desfigurava, seu semblante caía, seu humor desabava. Assim que aterrissamos, com os pés em terra firme, ela recobrava forças, os lábios outra vez rosados, os olhos já não estavam entreabertos. Isabela voltava à normalidade. Foram várias as situações em que um simples voo aniquilava Isabela, mesmo antes de entrar na aeronave. Era pequena ainda quando cheguei a cancelar um voo para irmos de carro de São Paulo a Campo Grande, 950 km de distância somente de ida, tamanho o impacto físico e mental

---

15 Classificação de vinho do porto envelhecido em tonéis de madeira por um período que varia de quatro a seis anos.

dela um dia antes de voarmos. Sempre pergunto a ela se tem medo de avião. Responde-me que não; mas, no fundo, acho que tem, sim. Recentemente, mais madura, confirmou-me.

— Sim, pai, tenho medo.

Das três irmãs, é a mais preocupada, sempre muito atenta com a família, principalmente, às pessoas mais velhas. Quando meu pai faleceu, sofreu muito. É rigorosa consigo mesma. Em casa, sempre trouxe as melhores notas da escola. É um grande mérito, pois o padrão estabelecido na casa pelas suas antecessoras, Heloísa e Letícia, sempre foi alto. Contida e discreta. Não faz alarde de suas conquistas. Fatura, sem dó nem piedade, tudo aquilo a que se propõe.

Deixamos Isabela no hotel com a recomendação para que comesse e descansasse. Não demoraríamos e, se ela precisasse de algo, bastava nos ligar pois estaríamos em um restaurante muito perto do hotel.

# Um jantar com os amigos

O jantar com nossos amigos foi excelente. Foram muito corteses conosco. Passaram pelo hotel para nos dar uma carona. Não precisava. Estávamos a pouco mais de cinco quadras do restaurante, caminhando pela Avenida da Liberdade. Escolheram o Gambrinus, operando desde 1936 na Baixa Lisboeta à Rua das Portas de Santo Antão. Na entrada, identificamos mais coincidências entre o Brasil e Portugal: o ambiente, a carta e o serviço nos remetiam a restaurantes também clássicos de Santos e do Rio de Janeiro. Para citar alguns exemplos caiçaras: o Degrau e o Tamariz. Dentre os cariocas: o Alvaro's, o Bozó e o Degrau. Não sei se os Degraus de Santos e do Rio eram homônimos ou se pertenciam a um mesmo grupo. Lamentavelmente, o Alvaro's é o único sobrevivente, os demais já baixaram suas portas em definitivo, mesmo antes da pandemia.

Embora o casal já estivesse junto há algum tempo, não conhecíamos ele ainda. Entre o Brasil, Portugal e Espanha, me contava que se dedicava à administração de investimentos em diversas áreas, da construção civil à alimentação e que, naquele instante, encontrava-se em transição, deixando os investimentos realizados em um negócio comercial no centro da cidade de São Paulo para incursionar pelo mercado de criptomoedas. Sempre admirei muito as pessoas com capacidades de realização com tanta amplitude.

Fiquei um tanto triste, no entanto, ao ouvir seu relato sobre a aposta que um grupo de investidores portugueses havia feito em São Paulo. Com a premissa de recuperação do centro da cidade que, após alguns anos, naufragou pelo retrocesso provocado pela pandemia. O movimento de reconstrução de áreas centrais era mundial, com muitas experiências exitosas em diversos continentes. Na opinião desse conjunto de investidores, o charme do centro da cidade de São Paulo reluziria uma vez mais, seduzido por essa onda mundial. Não foi assim. O negócio operava, mas o entorno se degradava, em que pese um conjunto importante de obras públicas realizadas no Vale do Anhangabaú.

Minha opinião é de que enquanto não encararmos com responsabilidade a questão das desigualdades econômicas e sociais no país, ainda veremos cenas lamentáveis de pessoas sem-teto, entregues às drogas, seja pelo consumo ou pela comercialização. É assustadora a quantidade de pessoas desassistidas que vagam da Sé à Luz, do Anhangabaú ao Arouche e dos Campos Elíseos à Estação Júlio Prestes. O país precisa investir na educação, em um plano de longo prazo. Não seria muito pedir um governo como o de D. Pedro V, monarca português que sucedeu D. Maria II, sua mãe. Sempre lembrado como "o Esperançoso, o Muito Amado", era neto de D. Pedro I, primeiro imperador do Brasil e monarca português com o título de D. Pedro IV. O Rei D. Pedro V reunificou Portugal depois da Guerra Civil. Apaziguou os liberais constitucionalistas e os absolutistas, obstinados contendores desde a Guerra Civil Portuguesa de 1832 a 1834. Consertou o que sua bisavó espanhola D. Carlota Joaquina, esposa de D. João VI, em conluio com seu filho, o infante D. Miguel, irmão de D. Pedro I, deixaram de insurreto no reino português. A rainha e seu filho infante foram verdadeiros conspiradores de sua majestade D. João VI, tentando usurpar-lhe o trono e o poder, em diversas ocasiões. D. Pedro V ainda combateu duas pandemias de cólera e febre amarela em seu reinado. Dedicou-se às obras sociais, especialmente voltadas à educação e à saúde, criando cursos e hospitais. O Brasil precisa fazer as pazes consigo mesmo, reunificar-se, dar atenção prioritária à saúde, à educação e ao crescimento econômico sustentado. Seria muito oportuno.

Quanto a ela, uma grande amiga. Exímia contadora de histórias, com uma veia de comediante pulsante. Não foram poucas as vezes em que Karina e eu nos acabamos de rir com suas narrativas. Todas reais, de situações inusitadas experimentadas por ela e por amigos, e que só alguns possuem a perícia de temperar com interpretações tão ricas. Trabalhamos muito tempo juntos em mais de uma empresa. Filha de um importante escritor do Serro em Minas Gerais, com obras literárias levadas ao cinema e à televisão. O pai também foi um destacado oficial da Aeronáutica brasileira com posições firmes e bravura para cumprir desígnios próprios sobre ordens superiores de 1964 com as quais não aquiescia. Sua intransigência em um episódio militar, certa vez, franqueou-lhe a literatura e nossa consequente sorte como leitores. De Chica da Silva, passando por Teófilo Ottoni até Oswaldo França Júnior e Juscelino Kubitschek, o ciclo do ouro nos deixou riquezas que, do alto da Serra do Espinhaço, do Serro Frio e da desmembrada Diamantina, se arvoraram.

Terminamos nosso farto repasto com saborosos pratos da deliciosa culinária portuguesa, sem deixar de lado as ricas sobremesas à base de ovos e um honesto vinho nacional, que tive o privilégio de degustar em companhia dos diletos amigos.

# Entre as casas de Avis, Habsburgo e Bragança

O acervo arquitetônico entre a Praça dos Restauradores e o Rossio nos convidava a uma leve caminhada antes de regressarmos ao hotel. Karina, encantada com Lisboa, buscava tomadas que pudessem registrar uma bela foto dos dois casais, como lembrança de nosso jantar, de nosso encontro em Lisboa. Avaliou todas as opções. Venceu o estilo neomanuelino da Estação do Rossio. De fato, o prédio é muito lindo e se sobressai dentre tantas outras opções como o Teatro D. Maria II, antigo Palácio dos Estaus[16] e sede da inquisição portuguesa ou o Palácio da Independência, sede dos conjurados que restauraram a independência de Portugal.

Quando o rei D. Sebastião I morreu, aquele mesmo que Isabela tão bem contara a sua lenda, a coroa portuguesa foi passada para seu tio-avô, D. Henrique I, irmão de D. João III, que vinha a ser avô de D. Sebastião I. Os irmãos D. Henrique I e D. João III eram filhos de D. Manuel I, o Venturoso, rei

---

16 Estau significa hospedaria, usualmente dedicada às pessoas da corte ou embaixadores.

da época do descobrimento do Brasil. O sucessor da coroa, depois que D. João III falecera, deveria ser seu filho, D. João Manuel. Porém, o herdeiro morreria antes de seu pai, prematuramente, com poucos dias de antecedência ao nascimento de seu filho Sebastião. Dessa forma, a coroa assentou-se sobre a cabeça de Sebastião quando ele tinha apenas três anos, exigindo, naturalmente, um regente ao longo de sua infância. Já conhecemos a história de D. Sebastião I e sua morte na batalha de Alcácer-Quibir no Marrocos. Ele perdeu sua vida muito moço, sem deixar herdeiros. Coube, assim, a D. Henrique I assumir o trono português. Ocorre que D. Henrique I era cardeal da Igreja Católica. Ao assumir a coroa, procurou casar-se e ter filhos; mas o papa Gregório XIII, familiar da Dinastia Habsburgo, não o liberou de suas obrigações relativas ao prelado. Assim como D. Sebastião I não gerou herdeiros. Quando morreu, morria com ele a dinastia de Avis. O rei espanhol Filipe II, pertencente à dinastia Habsburgo, reivindicou à força o trono português, com o nome de D. Filipe I. Mais dois reis com o nome de Filipe completariam o curto período dessa dinastia em Portugal: D. Filipe II e D. Filipe III. Na Espanha, eram Filipe III e Filipe IV, respectivamente. A esse período, os historiadores chamam de União Ibérica, em alusão ao fato de ambas as coroas, portuguesa e espanhola, recaírem sobre a mesma cabeça. O Palácio da Independência teve a sua importância por abrigar os conjurados que tramaram a dissolução da União Ibérica. Dali conquistaram a liberdade de Portugal e empossaram D. João IV no trono português, inaugurando uma nova dinastia, aquela que seria a sua última, antes da decretação da República Portuguesa: a casa de Bragança.

Interessante notar nosso costume de nos referirmos aos reis e rainhas de Portugal com o prefixo dom ou dona. O mesmo acontece com os imperadores e imperatrizes do Brasil.

Acredito que isso se dê por mera condição hereditária, proveniente do modelo português, regido pela mesma dinastia. Não se reconhece esse mesmo costume em outras monarquias, como a inglesa ou a francesa.

De volta à Praça do Rossio com Karina escolhendo o pano de fundo para nossa fotografia, ouvimos protestos de D. Pedro IV, encarapitado em sua coluna no centro da praça. Assistia a tudo com muita atenção e estava certo de que seria ele o escolhido. Chegou a fazer pose e relembrar seus laços com o Brasil. Afeito aos brados, como o do Ipiranga, de lá do alto, nos chamou:

— Meus caros súditos, sou eu, Pedro. Sim, D. Pedro I, proclamador da independência brasileira e pai de D. Pedro II. Estou aqui como D. Pedro IV, Rei de Portugal. É comigo que devem tirar essa foto.

O semblante de Karina se revestiu de respeito, reconhecendo e agradecendo a intervenção. No entanto, sua curadoria já havia se decidido pela fachada romântica da Gare do Rossio.

Com os quatro alinhados, eu cantei e registramos aquele momento com nossos amigos:

—Atenção! Olha o passarinho! — *Click.*

Fitei o Rei D. Pedro IV uma vez mais. Virou-nos as costas. Talvez em sinal de protesto, ou quem sabe apenas de regresso a sua plácida posição em direção ao Tejo, ao antigo Paço da Ribeira. Pensei comigo o quanto esse soberano havia sido importante para dois países: Brasil e Portugal. A parte brasileira já conhecemos. Entre os portugueses, é conhecido como o Libertador ou o Rei Soldado. Com a Proclamação da Independência do Brasil, D. Pedro I feriu as Cortes Portuguesas,[17] descumprindo a constituição lusitana. Seu ato foi tomado, por

---

17 As cortes portuguesas eram conselhos consultivos e deliberativos, convocados pelo rei ou em seu nome, formados por representantes de três classes sociais: clero, nobreza e burguesia.

alguns, como um crime de lesa-pátria. A independência brasileira foi reconhecida por Portugal em 1825, mediante custosos pagamentos chamados de ressarcimentos aos cidadãos portugueses e a sua coroa. D. Pedro I é aclamado imperador do Brasil independente e acaba por herdar a coroa portuguesa quando D. João VI, seu pai, faleceu. Ciente da incompatibilidade em manter as duas coroas, do Brasil e de Portugal, D. Pedro IV assume e, em seguida, abdica ao trono português em favor de sua filha Maria da Glória, ainda uma criança. A pouca idade de Maria da Glória exigirá um regente, até que ela cumpra sua maioridade e possa governar como D. Maria II. Quem assume o papel de regente é um dos irmãos de D. Pedro IV, Miguel. O regente insufla o cenário político, dissolve as Cortes e usurpa a coroa de D. Maria II, estabelecendo-se como o rei D. Miguel I. Seu irmão revolta-se contra essa situação e, com apoio de alguns importantes países europeus, em especial a Inglaterra, em função das excelentes perspectivas de comércio abertas por D. Pedro I com um novo país chamado Brasil, reúne forças e deflagra a Guerra Civil Portuguesa. A guerra entre os dois irmãos irá contrapor os defensores de Miguel, chamados de absolutistas ou miguelistas, aos liberais, apoiadores de D. Pedro IV. O resultado desse embate é a vitória dos liberais com a recuperação da coroa para D. Maria II. A rainha era nascida no Paço Imperial de São Cristóvão, Quinta da Boa Vista, no Rio de Janeiro, e encontrava-se em Angra do Heroísmo, cidade açoriana localizada na Ilha Terceira, até que a normalidade se restabelecesse no reino. A D. Miguel I reservam-lhe o banimento e o exílio até sua morte. Como já vimos, é o filho de D. Maria II e neto de D. Pedro IV, D. Pedro V, que reunifica o país e cicatriza as chagas da Guerra Civil Portuguesa.

De volta ao cenário da foto, percebo que as pedras portuguesas nas calçadas estão molhadas pela umidade de uma garoa fina que até há pouco caía, típica dos meses de dezembro em Lisboa. Elas nos convidam a uma caminhada de volta ao hotel. Karina e eu agradecemos, então, a gentileza do jantar aos amigos e tomamos o rumo da Avenida da Liberdade.

A temperatura, na casa dos 16°C, fazia uma leve brisa pelar os plátanos-bastardos que acompanhavam os ulmeiros, as palmeiras-das-canárias e as acácias-bastardas ao longo de nosso trajeto pela ampla avenida. Vazia e calma, tínhamos apenas a companhia de bravos garis recolhendo as folhas secas ali caídas. Estávamos cansados depois de uma longa viagem, mas extasiados com aquela Champs-Élysées portuguesa, adornada para a passagem das festas de fim de ano.

Entramos no quarto e encontramos Isabela deitada em seu sofá-cama acordada, mas bastante sonolenta. Perguntamos se ela estava melhor e nos disse que ainda sentia a dor de garganta. Verificamos se tinha febre ou qualquer outro sintoma. Todos negados. Tinha jantado uma omelete preparada no próprio hotel e estava pronta para dormir. Aproveitamos o embalo.

# Com Pessoa, Camões e Saramago

Despertamos a tempo de desfrutarmos um belo café da manhã no hotel. Não somos nem madrugadores nem dorminhocos, muito menos turistas apressados. Apreciamos tudo em seu devido tempo, com calma. Somos andarilhos com planos bem definidos, dessa vez sob a coordenação de Isabela. Dispensamos roteiros do tipo sete países em uma semana.

Terminado o café da manhã, tomamos o caminho do mezanino do hotel, onde encontramos o posto de coleta para o exame de PCR. Cotonetes a postos nas mãos da diligente enfermeira. Ela ouviu calmamente as queixas dos três *globe-trotters* quando nos invadiu, um a um, das narinas aos cérebros, para coletar os reveladores mucos. Examezinho ruim esse! Ao final do mesmo dia, receberíamos por e-mail os resultados.

Dona dos roteiros previamente desenhados, Isabela recebeu um mapa do *concierge* e com muita vontade ganhamos a ensolarada Avenida da Liberdade em um dia de inverno mais parecido a uma manhã de outono. O carro alugado não trabalharia nesse dia, ficaria bem guardado na garagem do hotel. Na praça dos Restauradores, encontramos uma farmácia. Paramos e compramos as pastilhas que aliviariam a incômoda e resistente dor de garganta de Isabela. Por trás da já fotografada estação de trens do Rossio, subimos até o Largo do Carmo e encontramos as ruínas do Convento da Ordem dos Carmelitas, pendurado na colina, com vistas à Praça do Rossio e rivalizando em altura com o Castelo de São Jorge e sua colina do outro lado da praça. As ruínas remanescem como um testemunho do grande terremoto de 1755. Foram convertidas no belo Museu Arqueológico do Carmo.

A cidade foi destruída por um violento tremor, equivalente a nove pontos da escala Richter, no dia de todos os Santos, 1º de novembro de 1755. Foi o Marquês de Pombal que liderou sua reconstrução e consequente renovação arquitetônica. No dia seguinte ao terremoto, quando acudiram ao rigoroso Secretário de Estado do Reino de D. José I, cargo equivalente a um primeiro-ministro, para perguntar-lhe o que fariam com aquele horror, uma dilaceração que esfacelava a cidade, Pombal respondeu-lhes com a famosa frase: "E agora? Enterram-se os mortos e cuidam-se os vivos."

Serviu a dois reinados: D. João V e D. José I, e foi sob a regência desse último que a devastação e o reordenamento da cidade se consumaram. Pombal também é lembrado pela expulsão da Companhia de Jesus do Reino de Portugal e Algarves e, por extensão, das colônias. Foi um déspota esclarecido do período iluminista. Comprometido com as mudanças na corte portuguesa, foi useiro e vezeiro das práticas do Regalismo e do Beneplácito Régio. O Regalismo era uma doutrina que permitia ao chefe de estado interferir em assuntos internos da Igreja Católica. O Beneplácito Régio, por sua vez, permitia ao monarca português que revalidasse as regras papais, conhecidas como bulas ou breves, destinadas ao clero ou aos fiéis. Se o rei não concordasse com o papa, o que valia era a decisão régia. Isso permitiu ao governo português questionar decisões papais contrárias ao comércio e à modernização do reino, fielmente defendidos pelo pensamento pombalino. Como os jesuítas não se alinhavam completamente às reformas pombalinas e porque haviam prosperado enormemente em todo o mundo lusitano, conquistando terras e relevância, Pombal resolveu então cortar-lhes as asas, rebotando-os do Reino. Era o Estado prevalecendo sobre a Cúria Romana.

Do Largo do Carmo rumamos à Rua Garrett, coração do Chiado e da intelectualidade lisboeta. Tínhamos encontro marcado com Fernando Pessoa. Um pouco taciturno e homem de poucas palavras, disse-nos que estava muito feliz ali, mas que durante sua vida havia um outro lugar em Lisboa que frequentava regularmente. Deu-nos o endereço do local, no Terreiro do Paço, e sugeriu-nos que fôssemos lá visitar. Falamos um bocado. O elegante vate lisboeta era adepto a *flânerie*,[18] daí a importância de aproveitarmos todas as suas dicas. Era, certamente, conhecedor de excelentes pontos da capital portuguesa. Muito circunspecto, convidou-nos para o Café A Brasileira. Aceitamos. Não encontramos nenhuma mesa próxima à sua, mas conseguimos nos acomodar no salão. Ao pisarmos às pedras de mármore do interior, intercaladas entre o branco e o negro, lembramo-nos da Confeitaria Colombo, no centro do Rio de Janeiro. É verdade que a Colombo é maior e talvez ainda mais rica, mas é inegável a comparação de duas casas tão tradicionais aos costumes de nossos povos.

Havia uma variedade incrível de doces e salgados expostos nas estufas e geladeiras do café, prateleiras longas repletas de recipientes cilíndricos de cor verde musgo, como a bandeira

---

18 Do francês, ato de passear.

nacional e com a estampa do símbolo e nome da casa. Os cilindros eram tão bonitos que por pouco não comprei um. Sentamo-nos ao fundo do salão, com vista para a rua e para todo o movimento da casa. Pedimos alguns croquetes de carne, seguidos de estaladiços pastéis de nata, acompanhados de água e café, que foram servidos com lhaneza e distinção pelos garçons. A boquinha e o beberete nos deram tempo suficiente para admirarmos tudo e falarmos sobre as sugestões recebidas do amigo Pessoa, em nossa breve confabulação à porta do Café. O poeta havia sido muito distinto e generoso ao me indicar o nome de uma obra de José Saramago, que viria a calhar com nossa viagem. Talvez uma retribuição sua ao escritor português que, como ele, alcançou a universalidade, Pessoa pela poesia e Saramago pela prosa portuguesa. Pessoa abusou dos heterônimos em sua obra, quando um autor registra sua obra em nome de outrem. Criou Álvaro de Campos, Ricardo Reis e Alberto Caeiro, além do semi-heterônimo Bernardo Soares. Havia muito de si próprio em Bernardo Soares, daí o termo semi-heterônimo. Saramago escreveu e publicou o romance "O ano da morte de Ricardo Reis", ousando dar continuidade a um dos heterônimos do poeta, acompanhando os anos difíceis do regime fascista na Europa.

Próxima parada, a Livraria Bertrand. Afinal, eu precisava comprar o que Pessoa havia me sugerido. Ao deixar o salão de A Brasileira, miramos rua acima e desviei-me do rumo da livraria para visitar o excelso poeta português, Luís de Camões. Estávamos na sua praça. Encimado em um alto pedestal, não tive a mesma chance de uma rápida e boa conversa, mas à medida que eu o admirava, seus cantos me sopravam à cabeça. Minha leitura de *Os Lusíadas*, tempos atrás, havia sido ao mesmo tempo aliciadora e espinhosa. A combinação da poesia metrificada com a história antiga e a mitologia não são de entendimento imediato. Exigem uma leitura lenta, de consultas intensas aos dicionários e referências que auxiliam na compreensão da obra: um fascínio! Por várias vezes recorro aos cantos e estrofes de Camões para me inspirar. Para mim, esse é o sentido de uma epopeia e ali, em minha frente, estava o criador da mais fulgurante obra do gênero em língua portuguesa.

Descendo a Rua Garrett, finalmente tomamos a direção da Livraria Bertrand, a mais antiga do mundo, aberta desde 1732. Vagando por entre os seus sucessivos salões, encontrei a sugestão de Pessoa. Não poderia ser melhor. Reparei, assim, uma grande falha de minha biblioteca pessoal. O único Nobel em língua portuguesa agora seria parte de minha pequena coleção. O título escolhido era muito oportuno: *Viagem a Portugal*. Nascido na Aldeia de Azinhaga, Saramago percorreu o país para visitar e revisitar lugares e pessoas descrevendo-os no livro.

Poderia ficar ali por horas, investigando novos autores, novos títulos, os vencedores dos prêmios Camões de Literatura, com os sotaques dali, da África, da Ásia ou do Brasil. Aproveitar da literatura dos países que se unem, pelo idioma e pelas suas raízes, a Portugal: Brasil, Moçambique, Angola, Guiné-Bissau, Guiné Equatorial, Cabo Verde, São Tomé & Príncipe, Timor Leste e os enclaves de Goa e de Macau, esses dois últimos desbotando-se do lusitanismo pela forte influência dos domínios indiano e chinês a que passaram a pertencer, respectivamente. A Índia tomou à força o território de Goa da administração salazarista em 1961 e Macau foi devolvida pacificamente à República Popular da China em 1999.

Ali mesmo na livraria, entre uma sala e outra, entre um livro e outro, Karina me contou a conversa de pé de ouvido que teve com Fernando Pessoa, enquanto eu me distraía nas imediações do Café A Brasileira. Estava visivelmente emocionada, com o "Mar Português" em mãos. Pessoa havia lhe sugerido um de seus mais marcantes poemas. Os versos pertencem ao livro *Mensagem*, o único publicado durante sua vida, em língua portuguesa, usando seu ortônimo, ou seja, em seu próprio nome. Quando jovem, Pessoa viveu em Durban, na África do Sul, tendo escrito algumas obras em língua inglesa. *Mensagem* é uma exuberante coletânea de poesias dedicadas às personagens de grandes conquistas portuguesas, com uma forte sugestão sebastianista. Sim, do sebastianismo que Isabela havia tão bem me explicado. Eu reconhecia a autoridade daqueles versos, aplicados ao dia a dia de nossas vidas. As aventuras marítimas portuguesas nos deixam lições permanentes de superação.

> MAR PORTUGUEZ
>
> O' mar salgado, quanto do teu sal
> São lagrimas de Portugal!
> Por te cruzarmos, quantas mães choraram,
> Quantos filhos em vão resaram!
> Quantas noivas ficaram por casar
> Para que fosses nosso, ó mar!
>
> Valeu a pena? Tudo vale a pena
> Se a alma não é pequena.
> Quem quer passar além do Bojador
> Tem que passar além da dor.
> Deus ao mar o perigo e o abysmo deu,
> Mas nelle é que espelhou o céu.

Depois de se interessar por alguns livros de George Orwell, Isabela decidiu se entreter com a *pâtisserie*[19] portuguesa. Resolveu comparar pastéis de nata. Paramos na esquina das ruas Garrett e Ivens e ali provou mais um. Era o quarto pastel

---

19 Do francês, confeitaria especializada em doces.

do dia. Classificou-os considerando gosto, crocância e temperatura. O pastel do Café A Brasileira levava clara vantagem sobre os demais.

Seguimos nossa jornada, descendo a Rua Nova do Almada em direção ao Largo São Julião. Passamos pelo Museu do Dinheiro e pelos Paços dos Concelho de Lisboa. Cruzamos a Rua do Arsenal e alcançamos a Ribeira das Naus, à barra do Tejo. A vista embriagante do rio e o claro dia de sol nos deixou, por um bom tempo, sentados àquele charmoso *ghat*[20] português. Do outro lado, via-se a cidade de Almada e o destino de embarcações de passageiros saídos do Terreiro do Paço em direção ao Barreiro. Em seguida, caminhamos lentamente em direção à imponente Praça do Comércio. É uma pena não vermos mais o Paço da Ribeira, palácio real e residência oficial dos reis portugueses, que foi destruído no grande terremoto de 1755. O conjunto arquitetônico ali remanente, no entanto, é muito impactante: o Cais das Colunas, por onde desembarcou o Rei D. João VI e toda a sua corte em seu regresso do Brasil a Portugal; a estátua equestre de D. José I, sitiada por uma esplêndida calçada com losangos desenhados em pedra que lembram lisonjas heráldicas cobrindo toda a ampla parte central da praça; o Arco Triunfal da Rua Augusta, ladeado pelos edifícios de departamentos governamentais, pintados em amarelo-ouro e sustentados por um conjunto de arcos menores dispostos ao fundo da praça, de frente e perpendicularmente ao Rio Tejo. Por ali encontramos o Café Martinho da Arcada, parada habitual de Fernando Pessoa. Lembrei-me de sua sugestão, mas não tivemos tempo para entrar. Programamos voltar.

---

20 Do hindi, escadarias situadas à beira de rios, em especial os sagrados, onde se realizam ritos do hinduísmo.

# Com Amália, do Paço da Ribeira ao Bairro Alto

O suntuoso Paço da Ribeira era sede do palácio real e residência oficial dos reis portugueses, desde D. Manuel I, o Venturoso. Sua construção se deu no embalo das grandes conquistas marítimas. Reunia em seu perímetro uma monumental biblioteca. O grande tremor de 1755 colocou tudo abaixo e fez com que o rei D. José I movesse o palácio e a residência real para uma estrutura de madeira, conhecida como Paço da Madeira ou Real Barraca. D. José I se recusava a viver debaixo de uma estrutura de alvenaria por medo de um novo terremoto. Foram muitos anos de governo sob a Real Barraca. No reinado de D. Maria I, filha de D. José I e mãe de D. João VI, a estrutura de madeira foi destruída por um grande incêndio. Novamente a família real encontrava-se sem teto. A sede do governo e residência real se deslocariam então para o Palácio de Queluz até que a construção do novo Paço Real de Nossa Senhora da Ajuda se concluísse sobre os escombros da Barraca Velha.

O Palácio-Convento de Mafra também serviria aos monarcas como residência. O Palácio da Bemposta seria muito utilizado por D. João VI, depois de seu regresso do Brasil para Portugal até sua morte, ocorrida nesse mesmo local. Dali, D. João VI viria a sofrer os duros golpes conhecidos como a Vilafrancada e a Abrilada, articulados por seus detratores, incluindo sua esposa D. Carlota Joaquina e seu filho, o infante D. Miguel. No entanto, seria o Paço da Ajuda a última sede e residência dos monarcas portugueses. Em ordem, D. Luís I, D. Carlos I e D. Manuel II foram os derradeiros reis portugueses a ocuparem o Paço da Ajuda até a decretação da república em 1910.

A República Portuguesa daria fim ao Reino de Portugal e Algarves. Foram quase oito séculos de monarquia, divididas em quatro dinastias: a Afonsina ou de Borgonha, a Joanina ou de Avis, a Filipina ou de Habsburgo e a de Bragança. Do Conquistador D. Afonso Henriques até o Desaventurado D. Manuel II, o rei destronado, foram 36 soberanos.

De volta ao roteiro, atravessamos o Arco Triunfal e entramos na conhecida Rua Augusta. Ali comemos pastéis de bacalhau em uma famosa esquina sugerida pelo meu sogro dentre suas muitas recomendações de visitas e passeios em Lisboa. Suas sugestões são sempre muito peculiares e bem-vindas, recheadas de detalhes que às vezes nos passam despercebidos. A ele, nada escapa. Os pastéis de bacalhau com queijo da Serra da Estrela abrandaram nossa fome. Não havíamos almoçado e pensávamos apenas em terminar nosso passeio para, então, jantarmos em um bom restaurante da moderna gastronomia portuguesa, previamente selecionado no Bairro Alto. Deixamos a agitada e tumultuada Rua Augusta e regressamos ao Tejo, cruzando o Arco Triunfal de volta à majestosa Praça do Comércio.

Pouco à frente da estátua equestre de D. José I, conhecemos o jovem Gonçalo, um simpático motorista português de *tuk-tuk*,[21] que nos levou ao muito antigo Chafariz D'El Rei e às ruelas estreitas e acolhedoras da Alfama. Ouvimos as guitarras portuguesas ressoando fados entre becos e vielas que me lembravam a grande Amália Rodrigues. Tanto falei dela ao Gonçalo que ele desviou a rota para uma breve passagem pela Rua São Tomé. Fomos ver a obra de Vhils: um expoente da moderna pintura e do grafite português, com vários rostos ilustrados mundo afora. Esculpido na calçada portuguesa com a participação dos famosos calceteiros, ali estava a criação em homenagem à mais famosa fadista portuguesa. Parecia se levantar das pedras para incutir em minha cabeça o meu fado preferido: "Nem às paredes confesso", de autoria de Ferrer Trindade. Amália me acompanharia até o fim da tarde, a repetir incessantemente o triste e melódico refrão: "De quem eu gosto, nem às paredes confesso."

O pôr do sol nos esperava no Miradouro da Senhora do Monte. Uma visão panorâmica que nos permitia identificar a expansão de Lisboa por séculos. Passeamos pelo bairro da Graça e descemos até a Sé de Santa Maria Maior de Lisboa. Orgulhoso, Gonçalo sacou uma nota de dez euros de seu bolso. Parecia que ia me pagar algo. Estranhei, mas logo entendi. Na verdade, Gonçalo queria nos mostrar a porta da catedral ali estampada. Tínhamos a visão da cédula contraposta à visão real daquele magnífico umbral a nossa frente: um claro reconhecimento do Banco Central Europeu àquele monumento e a sua resistência ao tempo. Construída a partir de 1147, foi símbolo determinante do encerramento do período

---

21 Veículo triciclo motorizado, muito utilizado em países do sul e sudeste asiáticos e alguns países europeus. Também conhecido como autorriquixá.

muçulmano em terras lisboetas. O grande feito de D. Afonso Henriques, conquistando a cidade de Lisboa aos mouros, precisava de uma Sé patriarcal, que substituísse a mesquita, os minaretes e seu bispo moçárabe. Ei-la! Sobreviveu ao desastre de 1755, tendo algumas importantes partes de seu acervo arquitetônico destruídas. Reformas e restaurações foram feitas, desde então, para mantê-la longeva.

Da Catedral, seguimos em um tiro único até o Bairro Alto. Despedimo-nos do alegre e falante Gonçalo. Foi incrível ver a paixão pelo seu ofício. Incansável, explicou-nos os detalhes, as curiosidades e os costumes de quem era fiel morador de Lisboa, da Alfama, por gerações, segundo ele. Isabela deu por encerrado o roteiro cobrindo: o Chiado, a Baixa, o Tejo, a Alfama, a Graça e o Bairro Alto. Estávamos agradecidos e inebriados com tudo o que vimos. Era chegada a tão esperada hora.

Nosso jantar estava planejado para um agradável e bem-recomendado restaurante na Rua das Salgadeiras. Era local de uma antiga padaria que mantinha vestígios de velhos fornos transformados em adegas. Lá dentro repousava um arsenal de convidativas garrafas de vinho, produzidas com uvas portuguesas: Touriga Nacional, Alvarinho, Baga, Castelão, Trincadeira, Fernão Pires, Encruzado, Arinto, dentre outras; vindas do Alentejo, do Douro, do Dão, da Bairrada, do Minho, da Madeira e de Lisboa. Essa seria nossa última e saborosa parada. Dali voltaríamos ao hotel para descansar e seguir o roteiro de Belém, no dia seguinte.

# Como assim?

O jantar, lamentavelmente, não foi o que imaginávamos. Isabela, com o celular em mãos, anunciava a chegada da missiva eletrônica.

— Como assim? O meu PCR deu positivo! O e-mail do laboratório acabou de chegar.

Incrédula, Karina tomou-lhe o celular e, como São Tomé,[22] precisava ver para crer. Era verdade. Sentados à mesa do restaurante, não acreditávamos no que líamos. Os exames meu e de Karina apresentavam resultados negativos, enquanto líamos e relíamos a palavra positivo no resultado de Isabela. Ela, a olhar de soslaio para o nada e a murchar. Emudeceu. Parecia estar dentro de um avião, com todos os sintomas que normalmente têm. Karina e eu reconhecemos, de imediato, que nessa viagem sua ladainha tinha razão de ser. Os sintomas da doença a acompanharam por todo o trajeto. A dor de garganta era o principal sintoma. A certa altura do voo, pediu e tomou um comprimido de paracetamol fornecido pela

---

[22] Segundo o Evangelho de João, São Tomé duvida da ressurreição de Cristo e afirma que necessita sentir suas chagas para se convencer. Ao fazer isso, converte-se de Tomé, o Incrédulo, em Tomé, o Crente.

companhia aérea. O medicamento pode ter atenuado outros sintomas como dor de cabeça ou dores no corpo, ao que certamente teríamos percebido se tratar de algo além de sua habitual rejeição aos voos.

Pedimos os pratos e um vinho alentejano. Meu polvo merecia destaque pelo seu ponto. Apesar de sentir suas ventosas crocantes derretendo-se em minha boca, o que eu tinha, na verdade, era uma grande preocupação. Foi um jantar estranho.

Ali mesmo, meu celular deu sinais de uma mensagem que chegava. Era minha sócia, com quem tínhamos jantado no dia anterior. Certamente nos daria notícias de sua viagem ao Porto, pois ela e o companheiro haviam decidido entrar o ano bom no norte de Portugal. Iriam de carro e a essa altura certamente já haviam chegado. Ouço a mensagem em um tom grave: "Olá, meus queridos. Espero que vocês estejam bem. Chegamos ao Porto e preciso avisá-los que estou contaminada. Acabo de descobrir. Como vocês sabem, para entrarmos no hotel precisamos de um resultado negativo. O teste rápido feito aqui no hotel apontou a irregularidade. Nenhum hotel nos aceitará e, sendo assim, estamos voltando para Sesimbra."

Olhava para Karina e Isabela com olhares descrentes. Minha sócia seguia: "Quero avisá-los e sugerir que vocês também façam o teste. Como jantamos juntos ontem à noite, há uma grande probabilidade de que eu possa ter passado o vírus para vocês."

À medida que eu a escutava, as cenas da noite anterior se desenrolavam em minha cabeça. Em nosso encontro, na porta do hotel, para irmos ao restaurante de carona, tiramos as máscaras e nos cumprimentamos com abraços e beijos. Ao meu lado, de dentro dos bancos traseiros do carro, Karina perguntou:

— Podemos tirar as máscaras? Acho que não precisamos delas, certo?

Antes de nos acomodar à mesa no restaurante, lembro-me do recepcionista pedindo-nos os exames. Karina e eu sacamos nossas versões físicas e o casal acessou seus aplicativos contendo seus salvo-condutos eletrônicos. Compartilhamos uma tábua de presunto de entrada. Aproveitamos, até a última gota, o azeite embebido em pedaços de pão que acompanhava as deliciosas amêijoas à Bulhão Pato,[23] no centro da mesa. O jantar foi ótimo, mas o filme em minha cabeça era de suspense, de cinema mudo. Inacreditável!

De volta às Salgadeiras, éramos os únicos no restaurante. Por certo, estávamos jantando cedo para os padrões portugueses, às sete da noite no Bairro Alto, sede da boemia de Lisboa. Melhor assim. Sabíamos pelas regras sanitárias de Portugal que precisaríamos cumprir quarentena, isolando-nos.

Pegamos um táxi e ao chegar ao hotel já tínhamos um comitê de recepção. O gerente do hotel me ligou e explicou que já tinham conhecimento do teste positivo de Isabela. Pensei logo: como aquilo era possível? Mal líamos os e-mails do laboratório e o hotel já sabia? Como fica isso perante a lei de proteção de dados? Seguramente, quando assinei as fichas para a realização do teste PCR no próprio hotel, também autorizei o compartilhamento dos meus resultados. Ele prosseguia:

— A DGS, Direção-Geral da Saúde, órgão do governo português, também já está de posse dos resultados da Isabela. Eles monitoram os pacientes garantindo que cumpram a quarentena, isolados em suas casas. No caso dos senhores, esta é a vossa casa em Portugal.

---

[23] Prato da culinária portuguesa em homenagem ao poeta português Raimundo Antônio de Bulhão Pato, feito com amêijoas, azeite, alho, coentro, vinho branco, sal, pimenta e limão.

Olhava o entorno e perguntava: como assim? Não havia o que reclamar do hotel, mas ninguém sai de casa em viagem de férias, incluindo o *Réveillon*, para permanecer, sabe-se lá por quantos dias, sem o direito de sair do quarto. Isso mesmo! Não poderíamos sair do quarto, nem mesmo para ir ao saguão principal. Tudo seria providenciado para o nosso enduro involuntário.

— Os senhores receberão roupas de cama e banho limpas, acompanhadas de sacos plásticos de cores diversas para que se encarreguem da limpeza e da arrumação do quarto. Há sacos para o lixo orgânico, para as roupas dos hóspedes destinadas à lavanderia, para as roupas de cama e banho sujas e para a louça usada.

Detergentes, desinfetantes, buchas, tudo enfim para a diversão que não sonhávamos. Deveríamos deixar ao pé da porta os sacos de diferentes cores, devidamente amarrados, para que as camareiras os recolhessem. A comida seria servida pelo serviço de quarto, de acordo com o menu a nossa disposição e obedecendo aos nossos pedidos no café da manhã, almoço e jantar. Os carrinhos com nossas refeições seriam deixados do lado de fora do quarto e anunciados com leves toques à porta. Quando a abríamos para recolhê-los, já não havia mais ninguém. Eram carrinhos práticos. Uma vez posicionados no centro do quarto, abríamos suas asas e o transformávamos em uma bela mesa ovalada para nossas refeições. Satisfeitos, devolvíamos o *transformer* à porta para que o retirassem.

Foram tantas vezes entrando e saindo com o carrinho daquele quarto que, para desanuviar o pensamento, associei-o a um grande amigo, exímio conhecedor da alta gastronomia. Enófilo melhor que muito enólogo graduado e um especialista nos *accords entre mets et vins*.²⁴ Por vezes me lembrava Apícius, um famoso crítico e cronista gastronômico do JB — *Jornal do Brasil*²⁵ — que deixou muitas saudades. O epíteto de Apícius era inspirado em um romano que, há mais de dois mil anos, escrevera sobre as receitas da época e que se tornaram registros históricos sobre os costumes à mesa de então. O Apícius carioca era Roberto Marinho de Azevedo, falecido em 2006 e que, por décadas, encantou-nos com suas críticas publicadas ao estilo de crônicas jornalísticas, irônicas, inteligentes e habilidosas. Orientava os comensais mais rigorosos às melhores cozinhas, sem nunca ter revelado quem de fato era. Era Apícius, o romano-carioca anônimo do século XX. A condição de anonimato aos críticos gastronômicos sempre lhes conferiu imparcialidade à tarefa, além de evitar preparações especiais que não correspondessem às operações normais dos restaurantes.

O Apícius meu amigo, muito inteligente, rápido e de verve afiadíssima, sempre me dizia que era muito fácil agradá-lo, bastava que lhe oferecessem o que havia de melhor, em um claro sopro inspiracional de Sir Winston Churchill. Um convite a um restaurante, por melhor carta que pudesse apresentar, sem que se sentasse a uma mesa completamente posta, era solenemente recusado ou aceito sob protestos inapeláveis. Pois aquele carrinho, em suas idas e vindas, carregava todo o *savoir--faire*²⁶ da boa mesa: fina louça portuguesa, com serviço completo para três pessoas. Elegante toalha em algodão, copiosos guardanapos da mesma tela, acompanhados de delicados vasos solitários com pequenas orquídeas frescas e pratos quentes

---

24 Do francês, harmonização entre prato e vinho, em especial na boa gastronomia.
25 Tradicional jornal da cidade do Rio de Janeiro, tendo iniciado sua circulação em 1891.
26 Do francês, experiência, saber fazer.

mantidos aquecidos por vultosas cloches. Os cafés da manhã eram enviados com uma estufa instalada na parte inferior do carrinho, entre a mesa e suas rodas, onde eram guardados os ovos beneditinos cuidadosamente preparados. Aquele carrinho, carinhosamente apelidado de Apício, me recordava uma máxima dos grandes *chefs*: embora o paladar seja o mais importante, a gastronomia é apreciada com mais de um sentido. Obrigado aos Apícios todos, pelas suas contribuições e amizade.

Um dia, dois dias, três dias... quantos dias mais seriam necessários até que novos exames fossem feitos e não mais se diagnosticasse a presença do vírus? Em nova visita que recebi do atencioso gerente do hotel, mantidas a distância e as máscaras, ele me explicava que o acompanhamento da DGS permitia que eles emitissem um certificado de cura depois de dez dias, sendo isso uma maneira de se encerrar a quarentena, independentemente dos resultados dos exames.

Em toda a Europa, a variante ômicron seguia produzindo picos da doença naquele momento. Os governos europeus percebiam algumas diferenças dessa variante em relação às anteriores. Tinha um poder de contágio muito maior, porém observava-se um tempo menor de permanência do vírus nos pacientes. Isso levava os órgãos de saúde europeus, incluindo Portugal, a avaliarem a redução da quarentena para um período mínimo de sete dias, em vez dos dez dias ou mesmo de quatorze que se cumpriam no início da pandemia com a cepa inaugural. Alvíssaras! Por meio dos telejornais, soubemos que a França já havia aprovado uma medida com a redução dos tempos de quarentena. Autoridades portuguesas falavam que em Portugal fariam o mesmo; mas a partir de quando, perguntávamos. As burocracias brasileira e portuguesa nos pareceram ser mais uma semelhança entre os dois países. O gerente prosseguia:

— A DGS deve entrar em contato convosco e monitorar a Isabela.

— Entendo, obrigado.

Explicava agora os custos de nossa estada e as cobranças relativas ao consumo, lavanderia ou outros serviços com os respectivos descontos que nos ofereciam, dada a inusitada situação de não termos data de saída. Sugeriu também que tomássemos um outro quarto para que assim isolássemos Isabela, a única comprovadamente infectada. Recusei prontamente a oferta. Karina e eu não deixaríamos Isabela, então com quatorze anos, cumprir quarentena sozinha em um quarto de hotel, pelo período que fosse, ainda mais no exterior.

— Então os senhores também serão infectados ao conviverem com ela no mesmo quarto.

— Pois que seja! Já tive a doença uma vez. Terei outra.

Agradeci a gentileza da visita e o gerente se despediu com o rigor de um protocolo que combinava a fina educação portuguesa com uma amabilidade inigualável.

Voltei ao quarto e Karina me engolia com os olhos para saber o que eu e o gerente havíamos conversado. Acomodado no sofá-cama, encontrei o mesmo olhar de soslaio, oblíquo, que tomou de roldão nossa filha Isabela. Esforçava-me para buscar em minhas experiências algo que pudesse amainar essa situação. Nossos peitos arfavam com um sentimento claustrofóbico comum e intransponível. Conscientes do drama, fomos dormir. Deitado em minha cama, olhava para o teto e predizia dias difíceis. Estávamos a 29 de dezembro. Dois dias nos separavam do Ano-Novo e não sei quantos do Brasil.

# A vida é bela

Na velocidade de um bólido, minha cabeça não parava de buscar meios sobre como recuperar a Isabela e nos fortalecermos para a realidade dos próximos dias ou semanas. Vivíamos o mesmo dilema dos antigos monarcas e navegadores portugueses: lançar-se ao oceano, ao mesmo tempo temerosos e corajosos, por ver ali a única saída para sua expansão ou redenção. Não havia outra maneira. Em pensamento, voltei a Camões relembrando-lhe minha cortesia da visita no dia anterior. Ele então me ofereceu em retribuição a décima quarta estrofe do primeiro canto de seu poema épico *Os Lusíadas*, lindamente escrita em uma oitava de versos decassílabos. Já disse que a leitura da epopeia, anos atrás, tinha me tomado muito tempo. As obras em oitavas com tanta informação desconhecida, palavras em desuso e metaforicamente contada, sempre me exigiram tempo e paciência. Foi assim também com *Orlando Furioso*, de Ludovico Ariosto.[27]

Tenho algumas obras épicas de autores variados em minha biblioteca, esperando o momento certo. O hábito de

---
[27] Ludovico Ariosto foi um grande poeta italiano, cuja obra prima é "Orlando Furioso", poema épico de cavalaria escrito em oitavas de 46 cantos.

manter uma vasta fila de livros por ler deixa sempre uns tantos títulos ainda intocados. Como já havia reconhecido minha filha Heloísa, sou velho, e, portanto, leio os livros em papel, exigindo cada vez mais espaço para armazená-los. Tenho prazer em cuidar da minha biblioteca. É uma das maneiras a que recorro para diminuir minha tensão ou para me distrair. Separo um fim de semana para rearrumá-la. Isso acontece pelo menos uma vez ao ano. Dá trabalho, mas é revigorante: livros de arte, os clássicos, os romances, os ensaios, os épicos, as biografias, os livros técnicos ou acadêmicos, os léxicos do português, espanhol, francês, italiano, inglês, latim e guarani. Muitos títulos estão em inglês e espanhol, alguns poucos em francês e o predomínio é o português. Há exemplares de bolso, que hoje evito comprar. Pode ser prático pelo tamanho, mas impossível aos olhos.

Certa vez, tive a sorte e o prazer de viajar entre o Rio e São Paulo, em voo da antiga Varig, companhia aérea brasileira que operou de 1927 a 2006, sentado ao lado do Sr. José Mindlin, um dos maiores empresários e bibliófilos brasileiros. O Sr. Mindlin fundou a empresa Metal Leve, uma renomada autopeça do país e que mais tarde seria vendida à multinacional de origem alemã Mahle. Formou em vida uma das mais importantes bibliotecas do país, em colaboração com sua esposa, a Sra. Guita Mindlin. Acumulou mais de 40 mil peças, tendo um conjunto proeminente de livros raros. Logo após sua eleição como membro da Academia Brasileira de Letras, doou sua coleção à Universidade de São Paulo.

Ao reconhecê-lo, cumprimentei-o respeitosamente sem que ele soubesse quem eu era. Tinha lido recentemente uma entrevista sua em que ele explicava que um de seus maiores prazeres era receber as pessoas em casa, especificamente em sua lauta biblioteca. Que privilégio poder conversar com aquele baluarte da cultura e da economia brasileira! Arrisquei-me. Com uma tranquilidade e deferência invejáveis, ele correspondeu às minhas observações e assim conversamos durante o curto voo. Estava diante da erudição e da simplicidade extremas combinadas em uma só pessoa. Marcou-me muito uma confidência sua:

— O que mais lamento em minha vida é o número de dias que me restam para atender o meu maior desejo. Não terei tempo para ler tudo o que gostaria.

— Entendo perfeitamente — respondi-lhe, surpreso e reflexivo. A juventude não nos dá a perspectiva de finitude que a vida, de fato, tem.

Quando nos encontramos era um vigoroso octogenário. Deixou-nos em 2010, aos 95 anos, espero que com uma grande parte de seu desejo plenamente atendido. Hoje, a biblioteca encontra-se instalada em um moderno prédio no tradicional campus paulistano da Universidade de São Paulo, com o nome de Biblioteca Brasiliana Guita e José Mindlin. Reconheço e compartilho do lamento do Sr. Mindlin.

De volta ao compasso das rimas camonianas, li a estrofe para Isabela e Karina em nossa confortável sala de reuniões: a cama. Riram muito. Um belo momento de descontração, de quebra do ambiente pesado que experimentamos. Karina, orgulhosa, relembrava o passado e seu sobrenome composto português: Pacheco de Castro. Segundo os versos de Camões, eles são iguais. O adjetivo que os qualifica é exatamente o mesmo, muda apenas a intensidade: de forte para fortíssimo.

> Nem deixarão meus versos esquecidos
> Aqueles que nos Reinos lá da Aurora
> Fizeram, só por armas tão subidos,
> Vossa bandeira sempre vencedora:
> Um Pacheco fortíssimo, e os temidos
> Almeidas, por quem sempre o Tejo chora;
> Albuquerque terríbil, Castro forte,
> E outros em quem poder não teve a morte.

Karina Pacheco de Castro Alonso Maimone, nome regiamente longo, tem três componentes: Pacheco de Castro, por parte da mãe, de ascendência portuguesa; Alonso, por parte de pai, com descendência espanhola, e Maimone, de seu casamento comigo, de safra italiana. Tudo isso junto e misturado faz dela uma pessoa serena e orientalmente calma, não acham? Nada! Mulher braba essa com quem fui me casar! Pudera, com tanta latinidade no nome. Como já sabem, Isabela é natural do México. Quando a registramos lá, por regras e costumes de tradição hispânica, a posição dos sobrenomes são dispostos de modo contrário ao modelo brasileiro: nome, sobrenome do pai e depois o sobrenome da mãe, nessa ordem. Ainda que você tente explicar que em seu país de origem não é assim, não adianta nada. Prevalece o modelo hispânico e ponto final.

Hércules Maimone Sobrinho, meu nome completo, não tem sobrenome materno. O Maimone é paterno e o Sobrinho é aposto para indicar que tenho o mesmo nome de meu tio; assim como "Filho", "Júnior" ou "Neto". Sorte minha, os mexicanos entenderam, pela ordem, que Maimone era meu sobrenome paterno e Sobrinho, o materno.

Sendo assim, os notários mexicanos registraram nossa caçula como Isabela Maimone Pacheco de Castro. Protestei. Em vão, a resposta que ouvimos foi lacônica:

— Não.

No dia seguinte, fui ao consulado brasileiro na Cidade do México e registrei-a, como as irmãs: Alonso Maimone. Os brasileiros são bastante mais flexíveis. As identidades mexicana e brasileira são diferentes até hoje. Deve ter sido desse suposto infortúnio que Camões agarrou sua estrofe e a deu-me como força de impulso. Nunca festejei tanto aquele erro. Os risos de Isabela e Karina sobre a cama me emocionavam. Abusei do argumento e reafirmei os Pacheco de Castro como fortes, fortíssimos. Nada borraria os escritos de Camões.

Como um lufo em minha mente, lembrei-me de Roberto Begnini, em sua obra-prima *A vida é bela*, ou *La vita è bela*, no original do cinema italiano. São de Roberto a direção, o roteiro e a interpretação de um zeloso pai judeu, dono de uma livraria judaica na Itália sob o jugo fascista, que é preso e enviado a um campo de concentração, juntamente com seu pequeno filho. De dentro do campo de concentração, o pai transforma todo aquele horror nazista em um jogo no qual ambos estão inseridos. A ingenuidade infantil faz a criança acreditar piamente em seu pai, protegendo-a da brutalidade e da bestialidade humana na Segunda Guerra Mundial. O resultado é comovente. Laureado com três estatuetas no Oscar de 1999: filme estrangeiro, Roberto Begnini como ator principal e trilha sonora. O filme foi uma das primeiras imagens que me veio à cabeça quando busquei repertório para lidar com essa penosa situação.

O jogo que propus a Isabela e a Karina seria o de escrevermos juntos um livro. Contaríamos nossa história. Teríamos tempo para pensar nas personagens, nos lugares, nas situações e cenas. Com isso, o tempo não seria um algoz nem o ócio uma eiva mental. Seríamos protagonistas em um roteiro que se desenhava sem saber seu fim. Torcendo para que fosse somente um encarceramento com desafios mentais e físicos para os três. Pensei comigo, que tudo isso nos sirva somente para ocupar nossa cabeça. Oxalá não tenha que escrever capítulos de evolução da doença em qualquer um de nós; mudanças de cenários do hoteleiro para o hospitalar, com desfechos de perecimento, ultramarino em nosso caso. O garoto do filme era uma criança pequena; Isabela uma jovem bastante iluminada sobre a doença, seus riscos, tratamento e efeitos. A ideia vingou e ambas toparam.

A vida segue, Bela! Obrigado, Roberto.

Ah, e o livro? Ei-lo! Obrigado, Karina! Obrigado, Isabela!

# A contraprova (segundo dia)

O ser humano tem a capacidade inigualável de duvidar dos resultados que ele não deseja. Não fugimos ao clichê. No dia 30, acordamos e do tradicional bom dia passamos à recusa do resultado do exame da Isabela, feito no dia anterior. Interessante, pois não tínhamos qualquer questão contrária aos meus exames e aos de Karina. Esses estavam absolutamente corretos. A dúvida nutriu nosso coração com esperança. Queríamos uma contraprova, de um laboratório diferente. Estávamos certos de que o novo teste nos traria a boa nova.

Pedimos ao hotel os contatos dos laboratórios, que logo nos fez chegar os dados de dois novos. Programamos a coleta para o mesmo dia. Em algumas horas, mais um sisudo jovem nos visitava em nosso quarto. Prático e rápido, ele novamente sacou suas armas brancas, os cotonetes, e com eles invadiu as narinas e a boca da Isabela para mais um exame. Despediu-se avisando-nos que o resultado somente estaria disponível durante a madrugada, por meio do correio eletrônico da Karina, o escolhido para recebermos o retorno.

Passamos o dia todo dentro do quarto fazendo planos sobre como voltaríamos. Liguei para o agente de viagens em São Paulo e pedi que ele se colocasse de prontidão. O fuso horário nos beneficiava: São Paulo estava três horas para trás de Lisboa. Mesmo que o resultado chegasse mais tarde, o horário em São Paulo ainda seria razoável. Nosso agente de viagens nos garantiu que esperaria nossa indicação noite adentro para somente então contatar a empresa aérea e remarcar nossos bilhetes. Não podíamos fazê-lo de imediato, pois precisávamos da confirmação do teste e porque cada alteração solicitada implicava custos adicionais.

Não havíamos informado nossas outras filhas sobre todo o atropelo: Heloísa, em Trancoso, e Letícia, em Florianópolis. Contaríamos tudo somente depois de confirmado nosso embarque antecipado para o Brasil. Se tudo corresse como planejado, passaríamos o *Réveillon* dentro do avião. O inusitado passou a ser diversão. A esperança faz você ver graça em tudo. Estávamos felizes com a possibilidade de celebrar o Ano-Novo amarrados a uma cadeira de avião, de volta ao Brasil. As únicas pessoas com quem havíamos dividido o estratagema eram os amigos em Portugal.

Minha sócia, aquela também acometida pelo vírus e que se encontrava com o companheiro na cidade de Sesimbra, próximo a Setúbal, onde toda a família dele tem morada, endossou nossas esperanças. Estava muito bem assistida, em casa. Ligava-nos diariamente para saber de nossa evolução, orientava-nos quanto aos procedimentos em Portugal em relação à pandemia e, de um modo geral, em relação ao *modus vivendi* de lá. O companheiro, impressionantemente ileso ao mal, a levava em passeios de carro pela região, à beira-mar até o Cabo Espichel, uma península que ela nos descrevia e que, voando na imaginação, viajávamos com ela. Uma região privilegiada com lindas falésias montando um promontório em uma das esquinas de Portugal sobre o Atlântico. A vista do horizonte dava a dimensão do infinito, convidando ao oceano: sensação expansionista, de grandeza, que acometia o infante D. Henrique e todos os seus seguidores da Escola de Sagres.[28] Uma sensação que acomete a todos, até hoje, que se prostram sobre as altas esquinas de Portugal com o mar.

Telefonei para nossos outros amigos, o casal em cuja casa passaríamos a noite de Ano-Novo. Expliquei ao meu amigo a situação e agradeci a gentileza do convite para a festa de *Réveillon*. Estávamos cancelando nossa participação. Eles haviam nos convidado para dormirmos a noite de 31 de dezembro na casa dos pais dela, contígua à casa deles, justamente para evitar o deslocamento entre Cascais e Lisboa depois de termos tomado alguns vinhos juntos. Não nos víamos provavelmente há mais de um ano. Os três belos filhos do casal nos surpreenderam na foto do cartão de Natal eletrônico que recebemos com duas moças e um rapagão. Naturalmente muito preocupados conosco, perguntavam sobre nossa saúde. Estávamos todos muito bem, Isabela não havia apresentado outros sintomas além daquela dor de garganta. Karina e eu sem sintomas. Mais tarde, em conversa entre as esposas, soubemos que outros casais, também convidados para a festa, cancelaram a presença pelos mesmos motivos. O azucrim, que não tinha sido convidado para a festa, se apossava com antecedência de todos e derrubava um a um os planos.

Também falamos com o outro casal de amigos que naquele dia estava em Sintra, cumprindo o roteiro pelos lugares turísticos e pitorescos de Portugal. Muito surpresos, nos con-

---

28 Suposta Escola Náutica, criada pelo Infante D. Henrique, em Sagres, no Algarve, ao sul de Portugal. Até hoje não há consenso entre os historiadores sobre sua real existência.

firmavam que passariam o *Réveillon* com nossos amigos em Cascais e que se precisássemos de algo eles estariam em Lisboa depois do *Réveillon*. Agradeci a preocupação, mas disse que voltaríamos a São Paulo antes de que eles alcançassem Lisboa. Ficamos de nos falar para atualizá-los dos desdobramentos.

As horas se passavam e Isabela parecia a criança que viajava de carro pelos percursos de mil quilômetros comigo. A cada dez minutos, perguntava se estávamos chegando. Típico das crianças que ainda não têm o senso de distância e velocidade.

— Alguma novidade? O resultado chegou?

— Não, minha filha. Ainda não. O moço disse que só na madrugada.

O sono venceu mãe e filha e eu estoicamente resistia. Afinal, eu era o responsável por disparar toda a trama que nos levaria de volta para casa. O resultado chegou pouco depois da primeira hora do dia. Abri o e-mail no celular da Karina e afundei-me no abismo. O resultado confirmava o vírus. Positivo. Olhei em volta e vi o silêncio. Tudo de novo em câmera lenta. Depois de alguns minutos, Isabela sonolenta quebra o silêncio, rompe a inércia e em voz muito baixa me pergunta:

— Pai, chegou o resultado?

E eu, arrependido por haver posto tanta pilha nela sobre a inconsistência do primeiro resultado, respondi:

— Sim. O resultado é positivo, filha. Amanhã conversaremos. Agora apenas descanse.

Ela me agradeceu de uma maneira calma e voltou a dormir. Mandei mensagem para nosso fiel agente de viagens e ele, a postos, lamentou comigo o resultado. Tinha esperanças de que o problema se resolvesse. Confidenciou-me que tratava de dois casos simultâneos de famílias presas pelas mesmas circunstâncias. A outra estava em Nova Iorque. Seria um Ano-Novo inesquecível.

# Às calendas e aos idos (terceiro dia)

Acordei cedo, como de hábito. Li e escrevi por horas até que mãe e filha acordassem já quase na hora limite do café da manhã. Sentados à mesa em companhia de Apícius no centro do quarto, conversávamos maduramente sobre o cumprimento da quarentena. A esperança havia dado lugar à resignação e novamente o ser humano mostra sua capacidade de adaptação. A resiliência nos tomou. Estávamos convencidos de que essa experiência nos traria muitos benefícios. Apoiamo-nos uns nos outros e passamos a desenhar uma nova rotina que nos afastasse de qualquer desdobramento patrocinado pelos sentimentos de arrependimento, revolta ou coisa parecida. Que siga o encarceramento! Na parede ao lado da minha cama, como um detento, eu riscava imaginariamente o terceiro palitinho na contagem dos dias de confinamento. Olhava para Isabela e ela exalava maturidade por todos os poros. Ali me dei conta de que ela havia crescido, entendia todas as causas e consequências, reconhecia o infortúnio e estava convencida quanto ao cumprimento da pena. Ela não se sentiria bem em voltar às ruas como vetor de transmissão.

— Nunca vou me perdoar por haver, involuntariamente, contaminado alguém. Já imaginaram se a pessoa contaminada evolui para um quadro de morte? E se for um velhinho ou uma velhinha?

Quando nos perguntam o que achamos sobre a profissão que Isabela decidirá quando crescer, é voz única que ela caminhará para a área da saúde, com uma possível queda pelas áreas associadas à geriatria. É impressionante ver seu cuidado e carinho com as pessoas mais velhas. Emociona-se, sofre e protesta quando vê ou sabe de maus tratos contra eles, sejam físicos ou psicológicos. Envolve-se, engaja-se. Não temos ideia como isso brotou nela. Está em seu DNA. A humanidade precisará de milhares de pessoas como Isabela. Quem dará conta do ritmo acelerado de envelhecimento de nossa população e das necessidades que apresentam durante essa fase da vida? O crescimento vegetativo no Brasil vem diminuindo e estamos vivendo uma transição demográfica. Nosso bônus demográfico se converterá em ônus por volta da virada dos anos 2030 para os anos 2040. Se optar finalmente por essa área, Isabela terá vasto campo de trabalho. A ela e a mais ninguém caberá essa decisão. Estaremos de pleno acordo se o caminho que ela desenhar for outro. Ainda é cedo para que ela faça sua definição de carreira.

Com a situação de nossa quarentena confirmada, comecei a ver e estudar o calendário. Segundo a tradição romana, as calendas eram representadas pelo primeiro dia de cada mês quando ocorria a Lua Nova. A expressão cunha o termo calendário, que também identifica os idos como o décimo terceiro ou o décimo quinto dia, dependendo do mês, depois das calendas ou da Lua Nova. Então, pelo calendário romano, nossa esperança de rever nossa casa no Brasil estaria entre as calendas e os idos de janeiro. Dia 2 de janeiro seria dia de Lua Nova e estimávamos nosso retorno para algo entre os dias 8 e 10 de janeiro, portanto muito próximos dos idos de janeiro. Naquele instante, como diziam os romanos, rumávamos às calendas e preocupávamos com os idos.

A confirmação do confinamento nos trazia o desafio de pensar em como administrar tudo de longe. Letícia voltaria, no dia 1º de janeiro, de Florianópolis a São Paulo. Heloísa deixaria Trancoso no dia 3 e nós, *sine die*.[29] Tínhamos o desejo de retornar ao Brasil antes que Heloísa embarcasse de volta para a Espanha, no dia 11 de janeiro. Queríamos aproveitar algum tempo com as nossas três filhas juntas.

As últimas horas do ano avançavam e como sempre acontece as pessoas começam a enviar e receber os melhores votos para a passagem simbólica daquele dia, marcando um recomeço, uma renovação. Esse clima nos animou. Fez-nos esquecer um pouco o sentimento de clausura e nos conectou a muitas pessoas, familiares e amigos, a quem queríamos desejar tudo de bom. A televisão ligada nos dava o ritmo de caminhada da linha do dia, desde a Nova Zelândia e Austrália até Portugal. Karina e eu já tínhamos os sintomas da doença e, entre um descanso e outro, íamos checando a distância que estávamos do Ano-Novo. Começamos a ligar para os mais próximos, nossas filhas, nossos pais e nossos irmãos, para desejar boas entradas e contar que não tínhamos dia para voltar até que nos livrássemos daquele indesejado cramunhão.

Karina já havia planejado com Apícius nossa ceia. Tomaríamos um bom vinho da adega do hotel, à minha escolha, acompanhados dos pratos escolhidos previamente pelos três. Encomendamos tudo e passamos a nos preparar para nossa

---

29 Expressão em latim para designar que não há data marcada.

inusitada celebração. Marcamos a ceia para às 21 horas. Parecia até que iríamos para a festa na casa dos amigos. Quando as vi arrumadas, levantei-me e fui me aprontar à altura. Karina e Isabela estavam superelegantes, exalavam seu perfume, figuravam maquiagem, belas roupas, saltos altos e todas as demais artimanhas que as mulheres bem sabem usar para capturar a atenção dos rapazes. Com as mãos, alisei uma bela camisa de gola, as calças e o cabelo. Pronto! Pouco antes das 21 horas, Apícius se anuncia à porta dando início ao jantar de gala. Os pratos lindamente preparados estavam deliciosos e harmonizavam-se honestamente com o branco escolhido. As sobremesas não deixaram por menos. Quando terminamos estávamos, os mais velhos, desabados. A doença já havia se instalado em mim e em Karina, abatendo-nos impiedosamente. Deitamo-nos e dormimos antes mesmo da meia-noite. Não conseguíamos nos manter acesos. Isabela seguiu acordada. Havia combinado que as irmãs ligariam para ela à meia-noite portuguesa e o contrário aconteceria à meia-noite da costa brasileira. Nossos janelões tinham grandes peitoris internos onde Isabela se instalou para olhar detidamente aos céus e esperar por fogos portugueses que brindassem a chegada do novo ano. A garrafa de vinho não combinou com os sintomas da doença. Entre mim e Karina, estávamos habituados a tomar uma garrafa; mas, dessa vez, não estava sendo bom. Seguramente os efeitos da doença se multiplicaram com o álcool. Entreabri os olhos por poucos segundos, quando a explosão dos fogos e a tradicional balbúrdia se deram à meia-noite. Não cumprimentei ninguém. Não tinha nenhuma condição. Não houve festa. Na penumbra, apenas vi Isabela em silêncio, acordada na fria solidão daquela noite, soturnamente colada à janela, esgueirando-se pelo melhor ângulo para ver os fogos. Uma cena que permanecerá marcada em minha memória.

# A ressaca (quarto dia)

No dia universal da paz, acordamos com ela. Surpresa e conformada, Karina me dizia:

— Essa foi a primeira vez que não brindei a passagem de ano à meia-noite. Não beijei quem eu amo. Não segui meus rituais. Apenas dormi. O que fazer? Nada. Tudo bem.

O ano de 2021 tinha sido tão desafiador que seu ocaso seria um exame final, um teste de resistência. Um riso lamurioso lhe tomava, enquanto dizia:

— 2021 foi um ano que até seu último segundo nos desafiou. Ele me perguntou até o finalzinho se eu aprendi a lição, se eu estou preparada para, como uma estudante, passar de ano.

Tomamos nosso café da manhã e, mesmo sem os efeitos de uma festa, passamos aquele dia descansando como se houvéssemos estado em uma. Um dia para não fazer nada. Tínhamos o tempo e a oportunidade.

Em situações como essas, você descobre o quanto coisas simples podem se tornar tão importantes para você. Os rituais mecânicos que tínhamos e que fazemos automaticamente sem nos darmos conta tornaram-se grandes eventos. Escovar os dentes, tomar banho, fazer as refeições tomavam proporções de um grande acontecimento. Anunciávamos cada um deles. Em frente ao espelho do banheiro e sozinho, perguntava-me quando tudo aquilo acabaria.

Depois do almoço, nos juntamos e abrimos três pequenos sacos plásticos contendo algumas uvas passas pretas e graúdas, que haviam sido gentilmente entregues, de longe, por uma das camareiras. Vinham com os melhores desejos de uma pronta recuperação, de um ano promissor e auspicioso para todos nós. A tradição portuguesa conta que a degustação de uvas no Ano-Novo traz sorte e fartura. Pois ali estava um dos ritos, reclamados por Karina, devidamente cumprido. Que assim seja!

Com o tempo abundante, eu articulava estratégias para nossa saída do cárcere. Por incrível que pareça, estávamos presos em uma cela na Avenida da Liberdade. Que paradoxal! Em dado momento, pulei da cama e liguei para a recepção do hotel. Pedi ao gerente que nos ajudasse com a compra de kits com testes rápidos da doença em alguma farmácia próxima. Eu sabia que esses testes não eram tão precisos; mas, se os realizássemos regularmente, eles nos ajudariam na decisão de quando voltar a contratar os testes mais acurados. Esses últimos eram muito caros e nossa ansiedade em saber se já não levávamos o vírus era tamanha que precisávamos buscar uma solução por uma fração do preço do que era cobrado nos testes mais completos. O gerente do hotel me disse que tinha todo sentido e que providenciaria os testes o quanto antes. Em poucos minutos, entregou-me gratuitamente um conjunto de seis caixas. Na porta do quarto, explicou-me que possuíam os testes em seus estoques e que eram utilizados diariamente em todos os seus funcionários, antes que começassem a faina: um procedimento de segurança para os funcionários e hóspedes. Com as caixas em mãos, agradeci o favor e voltei a Karina e a Isabela com o peito novamente inflado, cheio de esperança. Estava orgulhoso da nova estratégia. Parecia que aqueles testes me permitiriam reassumir o controle das coisas.

Deixamos os testes sobre a mesa de mármore, não sem antes entender como funcionavam. As caixas insistiam em nos provocar ao longo do dia. Se me deixassem eu as usaria todas, testando-nos continuamente até que, mesmo falho, um dos testes nos indicasse a inexistência da carga viral. Recobrado do meu surto, defini que os testes seriam prioritariamente aplicados à Isabela, uma vez que ela fora a primeira a se infectar. Deveria ser, portanto, também a primeira a se curar.

O último teste da Isabela havia sido o do agourento e-mail, recebido na noite do dia 29. Também estabelecemos que a data de início de sua infecção deveria ser aquela em que ela apresentou os primeiros sintomas. Seria, então, o dia 27, quando reclamou, ainda dentro do voo para Londres, de dor de garganta. Na contagem, portanto, tínhamos Isabela infectada há cinco dias e com um teste realizado há três dias. Os programas especializados na televisão seguiam debatendo que a cepa ômicron da doença tinha maiores poderes de transmissão e menos implicações sobre a saúde dos pacientes contaminados. Discutia-se também que o tempo de permanência do vírus era menor, alcançando inéditos cinco dias. Pronto! Era a senha que precisávamos ouvir para abrirmos uma das caixas e aplicarmos o teste à Isabela.

Muco coletado com o fatídico longo cotonete, misturado por alguns minutos a uma solução contida em uma ampola e depois gotejados sobre um orifício de um pequeno tablete, contendo os reagentes, indicariam um resultado C e outro T. A linha contendo a letra C serviria para a indicação de validade do teste. Se a linha aparecesse no tablete, o teste era válido, senão teríamos que desprezá-lo. A linha com a letra T indicaria a presença ou não do vírus. Ao menor sinal da linha, o vírus ainda tinha morada em seu corpo e o teste era considerado positivo. O tempo de espera para a leitura das linhas era de 15 minutos.

Feito o teste, outro balde de água fria. O resultado seguia positivo. Nossa sentença de clausura continuava imutável. Paciência!

No início da noite, tive uma reação muito ruim a tudo aquilo. Perdi minha paz, justo no dia dela. Queria sair do quarto de qualquer maneira. Sentia-me oprimido. As paredes se fechavam sobre mim, diminuindo meu espaço. Abri a porta de entrada ofegante. Meu coração batia forte. Queria fugir. Mesmo sem sair do quarto, comecei a andar aceleradamente pelo pouco espaço que eu tinha. Meu corpo pedia liberdade. Eu queria ir e vir. Foram longos minutos de incontinência mental e física, de angústia. Karina e Isabela perceberam meu comportamento atípico e começaram a conversar comigo. Ajudaram-me a acalmar o ânimo. Era, sobretudo, um exercício de controle da mente, de concentração. Não havia nenhuma razão física que pudesse ter disparado aquela condição em mim. Era uma alteração gratuita decorrente da incompreensão de estarmos ali, sem perspectiva. Depois de muito andar, contentei-me com um dos janelões. Puxei meu pensamento para a amplidão da vista externa e viajei para outros lugares que me reconduzissem ao conforto da retomada de controle. O cérebro humano é incrível, produz alterações em todo o corpo ao menor sinal de desalinhamento, mesmo que virtual.

Acho que o episódio nos cansou. Naquela noite, fomos dormir de ressaca, meio sorumbáticos. O dia seguinte precisava nos trazer horizontes melhores. Não queria me sentir atormentado, angustiado. Sempre fui rigoroso em me apresentar como um forte cais às pessoas que eu amo. Podem e devem aportar para trazer seus desafios, medos e necessidades. É aqui mesmo, vamos construir uma solução! A perda de paz e equilíbrio provocariam o colapso do meu cais e minha agonia. Precisava encontrar força.

Deitado na cama, esperando pelo sono, prometi que iria procurar outras ocupações. Aumentar minha dedicação à escrita do livro. Trabalhar mais. Acelerar minhas leituras. Expandir os assuntos com Karina e Isabela. Distrair-me com outras pessoas ao telefone, especialmente para quem até então não havia ligado. Fazer do limão, a limonada. Não procurava culpados. Eles não existiam. O que existia era uma imensa oportunidade de me dedicar a mim, de conhecer meus limites e de trabalhá-los. De estender praça sobre meu interior e de me fazer mais seguro sobre o desconhecido. Em muitas situações difíceis, sempre me imaginei mergulhando em uma piscina de um líquido denso, afundando nela sem fim, sem perspectiva de emergir, de voltar à tona, de respirar. Uma situação angustiante. Pois essa seria a oportunidade para lidar com a piscina, tornar-me peixe liso e encarar o desafio da densidade, da inflexão. O ser humano imerge e emerge em movimentos cíclicos ao longo da vida. Nosso êxito está diretamente ligado à destreza de nossos movimentos, à força e à obstinação em encararmos o que é denso. Aprendemos sim, mas é preciso querer. Os que não querem, submergem, afundam e desaparecem.

Nossas ligações diárias com minha sócia eram superimportantes para o equilíbrio mental. Acho que ela tinha essa consciência, mas não na dimensão que Karina e eu dávamos àquelas reuniões de ideias com conversas relevantes e fiadas. As perguntas eram praticamente as mesmas, mas desencadeavam assuntos que nos ajudavam a passar o tempo e nos faziam sentir melhor. Karina brincava que toda aquela experiência não terminaria bem. Alertava minha sócia para a iminente possibilidade de que eu aparecesse morto. Vejam só! Minha esposa estava a ponto de me executar, tamanha a intensidade da convivência compulsória a que estávamos submetidos. Ríamos. Dávamos muitas gargalhadas.

Invulnerável, Isabela entretinha-se com as amigas e irmãs em longas conversas sobre coisas importantes e outras não tão importantes assim. Eram horas intermináveis, sentada dentro da banheira. Escolhera aquele canto para manter sua privacidade e a de suas interlocutoras. Às vezes me dirigia ao banheiro para perguntar se tudo estava bem e ela confirmava com um sorriso no rosto, distraída pelas notícias que dava e recebia. Essa geração dá conta de acontecimentos para os quais temos pouca ou nenhuma atenção. Estão rodeados por personagens consagrados, que aos mais velhos são ilustres desconhecidos. Tempos modernos. Quando era jovem, eu tinha esse sentimento em relação aos meus pais. Nada de errado agora, quando eu ocupo a posição deles, e minhas filhas a minha. É o movimento imparável de rotação, de translação, de evolução do mundo. Feliz Ano-Novo!

# Sob a Lua Nova
# (quinto dia)

Chegamos ao dia 2 de janeiro, dia da primeira Lua Nova do ano. O horário previsto para sua chegada a Portugal era às 19h35. Para aqueles que se deixam reger pelos astros e pelas suas posições em relação à Terra, esse era um marco importante. A Lua Nova é sempre a primeira das quatro luas. Inaugura um ciclo que depois cresce (lua crescente), enche-se (lua cheia) e míngua (lua minguante) para só então outra vez aparecer e reiniciar todo o ciclo. Representa a renovação, o feminino. Tudo isso seria um forte presságio para aquele quinto dia.

Nossa enfadonha rotina não se alterara. Era um domingo que parecia ser continuidade de outro domingo. Afinal, o primeiro dia do ano sempre se parece a um domingo em que as pessoas ficam em casa recuperando-se das festas e dos excessos. Neste ano, um suposto domingo era sucedido por um domingo real. Eu tentava variar as fontes de diversão e depois de ver aqueles programas do tipo "Quem quer ser um milionário?" nos canais português e espanhol, resolvi acompanhar a mesma programação da Deutsche Welle.[30] Não falo e nem entendo alemão, portanto, vejam até onde chegamos em nossos momentos de busca desenfreada por alternativas. Tentava adivinhar as respostas em um exercício de chutes que foi um verdadeiro desastre. Não me tornei milionário; ao invés disso e se fosse possível, eu sairia dali devendo muito dinheiro ao apresentador.

Terminada a diversão, fui cuidar do cancelamento de nossa ida para o Brasil, que deveria acontecer no dia seguinte, 3 de janeiro. Conversávamos, entre os três, que desmarcaríamos nossas passagens e somente voltaríamos a marcá-las três dias após a desinfecção. Isso com o objetivo de cumprir com o restante do roteiro que havíamos planejado. Karina dizia:

— Já que estamos aqui, já viemos, então vamos nos curar e completar a viagem. Gostei de Portugal. Gostei de tudo o que vi. Não quero voltar ao Brasil assim, sem terminar de conhecer Lisboa.

Isabela deixou claro o seu descontentamento. Queria voltar o quanto antes. Estava abalada com tudo aquilo e queria voltar para casa assim que possível. Para mim, tanto fazia ficar ou regressar. Eu acompanharia a decisão de consenso delas. Não queria e nem precisava proferir voto de Minerva. Karina, usando de suas prerrogativas de mãe, decidiu: ficaremos os três dias a mais. Isabela, prudentemente, assentiu.

Apesar de ser domingo, enviei uma mensagem ao nosso desenvolto agente de viagens para solicitar-lhe o cancelamento de nossas passagens. Se deixasse para fazer na segunda-feira, dia seguinte, ficaria muito em cima da hora. Não estávamos em condições de determinar a nova data de regresso, ainda mais considerando a definição dos três dias a mais determi-

---

30 Empresa pública de radiodifusão da Alemanha, com programas de rádio e televisão exibidos para o exterior.

nados por Karina. Nosso agente de viagens nos informou que a companhia aérea exigia o envio dos resultados dos testes realizados, comprovando o contágio, para só então abonar as multas referentes à remarcação dos bilhetes. Os testes rápidos não tinham validade, somente PCR ou antígenos eram aceitos. Karina e eu não tínhamos nenhum desses testes que confirmassem a infecção. O último teste PCR que havíamos feito era o do dia 29 de dezembro, tomado ali mesmo no hotel de Lisboa. Eles haviam apresentado resultados negativos ao vírus para ambos. Sendo assim, precisaríamos de novos testes para enviá-los à companhia aérea. Marcamos então para realizarmos os antígenos, que possuíam validade de 24 horas.

Uma simpática e falante farmacêutica chegou ao nosso quarto pontualmente às 18 horas. Contou-nos que já havia feito muitos testes em hóspedes do hotel ao longo da pandemia. Houve casos em que teve que assinar acordos de confidencialidade para não revelar a identidade de seus clientes. Sabe-se lá por quê. Nós éramos duas Marias Quem Sabe na companhia de um Zé-Ninguém!

Enquanto fazia os testes em mim e em Karina, elogiava Isabela:

— Oh, menina! Tu és muito gira!

Percebi que Isabela não havia entendido e educadamente respondeu-lhe com um sorriso. Perguntei, então:

— Isabela, você entendeu o que ela disse, filha?

Encabulada, Isabela deixou claro com sua expressão que não havia entendido. A enfermeira retrucou:

— Também falo brasileiro! Estou a dizer que você é muito bonita! Aprendi a falar a vossa língua assistindo às novelas brasileiras.

Ainda mais envergonhada, Isabela sorriu e agradeceu o elogio.

Enquanto conversava, manipulava com presteza os cotonetes, as soluções reagentes e tudo mais dos dois testes aplicados. Impossível acompanhar sua velocidade, mas pressentia que estávamos próximos do veredito final. Como se fosse um arauto, com voz marcante, anunciou:

— O Sr. Hércules está positivo. A Sra. Karina, negativo! Vamos repetir a prova do Sr. Hércules por pura precaução. O senhor me desculpe, mas terei que introduzir o cotonete novamente em suas narinas e boca. É sempre assim, quando há um resultado positivo, trato de repetir o teste como contraprova.

Já não entendia nada. Inclinei a cabeça para trás. Abri a boca, torcendo para que aquele novo cotonete desdissesse o primeiro. Nada disso:

— O Sr. Hércules, de facto, está contaminado. O resultado é positivo!

Não podíamos acreditar. Até hoje não sabemos como Karina, tendo sintomas, apresentou um resultado que não confirmava a doença. Agradecemos a lépida farmacêutica. Ao sair, deixou-nos seu contato, prometendo-nos o envio do e-mail com o resultado oficial na próxima hora.

Celebramos muito o resultado de Karina e pedi que ela arrumasse sua mala e fosse embora para o Brasil. Não sabíamos como isso tudo continuaria. Disse-lhe de maneira convincente:

— Imagine se você se contagiar nos próximos dias. Teremos que recomeçar a contagem da quarentena. Pode haver um risco de que sigamos nos contagiando e assim vamos adiando infinitamente o nosso retorno. Não desperdice essa oportunidade, Karina, por favor.

Seu rosto revelava um sentimento de antagonismo, de conflito. Foi muito difícil, reconheço. Coloquei-me nos sapatos dela e, honestamente, não sei se deixaria Isabela e Karina sozinhas naquele quarto de hotel. Ela estava muito dividida, não queria nos deixar e, ao mesmo tempo, sabia que não poderia perder aquela oportunidade. Seu pensamento vacilava entre um lado e outro. Hesitava em sua decisão. Sofria. Fui impiedoso:

— Você vai! Isabela e eu ficaremos bem e logo voltaremos. Será mais fácil negativar duas pessoas do que três. Pense nisso! Heloísa e Letícia já estão em casa e é preciso que alguém as acompanhe em São Paulo.

Pouco a pouco ela foi se definindo. Começou por desistir dos três dias adicionais para completar o roteiro turístico em Lisboa, como ela havia sugerido.

Sem esperar por seu consentimento final, liguei para o agente de viagens e lhe pedi que cancelasse apenas duas passagens de volta a São Paulo: a minha e a de Isabela. Karina seguiria com seu resultado negativo para casa, para fora daquele espaço mínimo, fora da jaula, da gaiola, da cela, do confinamento.

O e-mail da farmacêutica chegava com o novo ciclo lunar das 19h35 e o presságio, incrivelmente, se confirmava. A reluzente Lua Nova trazia a fulgente Boa Nova: Karina estava livre. Isabela e eu estávamos tomados de entusiasmo, felizes, contentes e animados, muito mais do que Karina. Seu teste negativo nos fazia acreditar que era real e possível. Logo estaríamos em casa. Todos juntos.

Avisamos Heloísa e Letícia e, em seguida, os avós e nossos irmãos. Todos endossavam sua volta. Compartilhavam da visão que Isabela e eu tínhamos. Ela os ouvia e pouco a pouco ia dirimindo sua incerteza e seu receio. Ela voaria para Madrid e de lá tomaria uma conexão para São Paulo. Chegaria na manhã do dia 4.

O casal de amigos, moradores de São Paulo, em passeio por vários lugares de Portugal, finalmente chegava a Lisboa. Ele me ligou perguntando se tudo seguia bem e se precisávamos de algo. Contava-me que havia passado naquela manhã em frente ao hotel em sua corrida matinal. Que inveja! Estavam hospedados em um hotel na Rua Ivens, em pleno Chiado. São autênticos *Lady* e *Lord*.[31] Dividi com eles a Boa Nova e acho que sua presença ali servirá como mais um conforto para que Karina consentisse.

E ela finalmente assentiu! Informei o hotel sobre sua saída e pedi a ela que devolvesse o carro à locadora, no aeroporto. O veículo completava uma semana parado na garagem do hotel. Não tínhamos como devolvê-lo se não fosse o retorno inesperado de Karina ao Brasil. Como ela não alterou o voo original de retorno, poderia retornar o carro nos exatos dia e hora que havíamos nos comprometido.

Naquela noite, Karina começava a preparar sua mala. Algo diferente acontecia em nosso pequeno perímetro. Foi a primeira noite de sonhos promissores, revigorantes. A parede acumulava cinco riscos, revelando os cinco dias passados como presidiários. Pedi à Lua Nova que ela não se fosse sem antes nos deixar outras duas boas novas. A Lua Crescente estava marcada para o dia 8. Minha esperança era de que, até lá, Isabela e eu estivéssemos livres para voltarmos ao Brasil.

Minha imensa ignorância e pequenez não me fazem capaz de determinar a existência ou não de Deus, de explicar o surgimento da vida ou mesmo do Universo. Respeito profundamente todas as crenças. Em contrapartida, peço apenas que respeitem a minha. Há muito tempo, me tornei um humilde e convicto agnóstico. Admiro as religiões pela sua capacidade

---
31 Do inglês, dama e cavalheiro.

longeva de terem produzido dogmas e influenciado multidões, por terem contribuído no desenho e na preservação da história, criando e guardando referências. Lamento, no entanto, as atrocidades, as imposições, as penas e aniquilações que cometeram.

Por alguns instantes daquela noite especial, eu admirei a fé de Karina, suas múltiplas religiosidades. Em sua mesa de cabeceira em São Paulo, ela tem a companhia de Nossa Senhora Aparecida, Santo Antônio, Santa Dulce dos Pobres, Iemanjá, Buda, Ganesha, todos cercados por um crucifixo, um terço e uma *japamala* com contas de sementes e madeira, uma ametista em pedra bruta, sal grosso e olho grego. Saravá, meu pai! Não há de lhe passar mal algum, pois como diz Gilberto Gil: "Andar com fé eu vou que a fé não costuma faiá."

Emprestei o lirismo do poeta Vinícius de Moraes e dediquei-lhe seu famoso soneto da fidelidade. Para Karina, acompanhada de sua Lua: "De tudo, ao meu amor serei atento…".

# Éramos dois:
# um palimpsesto (sexto dia)

Com a saída de Karina do quarto do hotel, ficaríamos presos Isabela e eu: éramos dois. Desde o início do livro, sempre narrei que somos uma família de cinco: o casal e as três filhas. Minha paixão pela literatura e o contexto de minha narrativa me fizeram lembrar de um clássico romance brasileiro, de Maria José Dupret: Éramos seis. O livro é um sucesso desde 1946, tendo sido convertido à teledramaturgia brasileira por mais de uma vez e ao cinema argentino. Trata-se da história de uma família paulistana em sua vida quotidiana, influenciada pelos acontecimentos da época: a Primeira Guerra Mundial, a gripe espanhola, a Revolução Paulista de 1924, a Revolução Constitucionalista de 1932, a Segunda Guerra Mundial e o Estado Novo do presidente e ditador Getúlio Vargas. À medida que escrevo os capítulos deste livro, traço paralelos com o livro de Dupret. O palimpsesto[32] cabe, pelo menos, ao título deste

---

32 Papiro ou pergaminho cujo texto original foi apagado para dar lugar a outro. Aqui é utilizado em sentido metafórico para dar a ideia de semelhança contextual.

capítulo, pois o enredo e os desfechos são naturalmente distintos. Meu atrevimento de invocar o romance não é outro senão o de homenagear a sutileza e o modo primoroso com que a autora navega pelos grandes acontecimentos e pelas transformações sociais, costurando-os à história de sua família. Dupret e sua obra são insignes. Obrigado, Maria José!

Plenamente convencida e engajada em seu retorno ao Brasil, Karina passou a manhã nos preparativos finais para a viagem de volta. Fechou a mala e começou sua pregação com os cuidados que deveríamos tomar, estando os dois sozinhos naquela situação. Ouvíamos atentamente, muito mais para dar-lhe o conforto. Afinal, o que eu e Isabela antevíamos era uma enfadonha repetição do que havíamos passado nos dias anteriores. Todo o movimento da saída de Karina distraía-nos. As horas passavam mais rápido. Eu riscava mais um palito na parede de nossa cela, o sexto, enquanto Karina conversava ao telefone.

Uma das conversas era com uma prima minha. Há alguns anos morando em Cascais, havia retornado, no dia anterior, de uma viagem aos Estados Unidos. Levara a família para passar o Ano-Novo com seu irmão e a família dele. Antes de embarcarmos para Portugal, já havíamos combinado de nos encontrarmos. Talvez um café da manhã juntos. Seu marido havia sido um colega de trabalho no passado e a conversa era sempre muito boa. Têm um casal de filhos. Naturalmente, ficamos na conversa telefônica e no vídeo. Contamos tudo o que havia acontecido e combinamos que nos encontraríamos em uma outra oportunidade.

O telefone tocou no quarto e da recepção do hotel me perguntavam quais eram as expectativas de extensão de nossa reserva, pois ela se encerraria naquele dia e precisavam reprogramá-la, de comum acordo comigo. Não tinha ideia do que responder. Não havia como perguntar ao capeta quando ele se disporia a desaparecer de nossa vida. Educadamente, disse que estaríamos no hotel pelo menos até o dia 8 de janeiro e que se precisássemos estender eu os avisaria. Na conversa, o funcionário do hotel me relembrou da necessidade de ligarmos para a DGS (Direção Geral de Saúde), pois os entendimentos com eles poderiam nos dar os certificados de cura, liberando-nos assim daquele aquartelamento. Imediatamente pus-me a ligar para a DGS. Karina me deteve, dizendo:

— Hércules, ligue depois que eu já estiver fora do país. E se, ao você reportar sua posição e a da Isabela, eles chegarem a mim, impedindo-me de sair do país? Não vou conseguir ir embora. Na conversa que tive com sua prima agora há pouco, ela me contava de uma amiga que ficou presa sem estar contaminada, em uma situação muito semelhante à minha. Vamos esperar.

Surpreso com a arquitetura integrada dos sistemas de informação do estado português, desisti da ligação. Assim que ela atravessar a fronteira, eu volto a ligar.

Era segunda-feira e eu deveria atender a algumas reuniões de trabalho, por videochamada. Dias antes, já havia informado o sócio presidente da empresa em que trabalho sobre a situação em que eu estava metido com parte de minha família. Durante os últimos dias do ano, falamos algumas vezes. Ele preocupado e sempre muito atencioso, lamentava o desfecho daquela viagem. Eu precisava ainda articular soluções, com outros sócios, para minha inesperada ausência e modos alternativos de atendermos aos compromissos. Tudo resolvido, mais uma vez agradeci e celebrei a cultura colaborativa de nossa firma.

Karina ainda acusava sinais da doença, mesmo não estando oficialmente contaminada. Reclamava de dores no corpo e cansaço e assim permaneceu até o momento de sua saída. Foi uma despedida comovente, de alguém que reincidia em hesitação diante dos demorados beijos e abraços trocados comigo e com Isabela. Retomei minha implacabilidade. Sem feri-la e sem tampouco demonstrar indiferença e impassibilidade, deixei claro que não transigiria a um recuo dela. Karina sempre se moveu pelo seu livre arbítrio. Nunca deixou de fazer aquilo em que acredita. Ela precisava seguir em frente. E foi! Estava convencida de seu movimento, senão não nos deixaria. Fechamos a porta e, calmamente, retomamos nosso lamurioso ramerrão.

Ah, a Liberdade! Karina fez seu *checkout* e ganhou a avenida de mesmo nome, levando o veículo alugado, rumo ao aeroporto de Lisboa. Não gostava de dirigir em outros países, mas sempre que alugávamos carros eu a incluía no contrato, com autorização para dirigir. Nunca sabemos o que vai se passar e é sempre bom termos alternativas à impossibilidade ou restrição de um dos dois.

No aeroporto, depois de completar o périplo da devolução do veículo, *checkin*, despacho da mala, imigração e controle de segurança, chamou-nos por vídeo e nos distraiu novamente com suas tarefas. Segundo ela, a parte mais difícil tinha sido dirigir em Lisboa. Quanto aos controles sanitários, estava devidamente desembaraçada. Passou pelo cerco com aquela inaudita aprovação em seu teste antígeno, tendo ela mais sintomas que eu e Isabela juntos.

O voo de Lisboa a Madrid era de aproximadamente uma hora. Durante esse período, consegui completar duas ligações com o concorrido sistema de saúde português, a DGS. A primeira, depois da conversa iniciada, caiu. Na segunda, recebi a orientação de que eles nos esperariam, no dia seguinte, em uma unidade de saúde próxima do hotel, localizada à Rua de São Lázaro, 120. Lá passaríamos por uma triagem e receberíamos as indicações para o recebimento dos atestados de cura. Mesmo contaminados, tínhamos a autorização da DGS para deixar o quarto. Informei imediatamente a recepção e eles concordaram.

Do aeroporto de Barajas,[33] Karina voltou a nos ligar, relatando que tudo ia bem. Estava ansiosa para ocupar logo seu assento, voar por cerca de dez horas e despertar no dia seguinte em território brasileiro, em casa. Não voltou a reclamar de seus sintomas. Dei-lhe a notícia de nossa ida ao centro de saúde. Dentro do quarto, Isabela e eu comemorávamos seus avanços sem percalços. Era como se fosse uma operação de guerra. Em vez de *O resgate do soldado Ryan*, filme de guerra épico estadunidense, dirigido por Steven Spielberg, premiado com cinco estatuetas Oscar em 1999, seria o resgate de Karina Ryan. Eu e minhas metáforas! Acho que estão mais para hipérboles. A família inteira me estigmatiza como um exagerado incorrigível. Às vezes reconheço, mas só às vezes.

Como fonte de distração, acompanhei seus dois voos por um desses aplicativos de rastreamento que conseguimos na internet. Para quem não tinha o que fazer, a tarefa me divertia. Devo confessar outra de minhas paixões: a cartografia. Aplicativos como esses, com mapas de navegação, são um brinquedo para mim. Demorei-me vendo a rota do voo dela e de outros; até que a diversão desse lugar ao sono. Fechamos o sofá-cama de Isabela, já não precisávamos de duas camas no quarto. Ganhamos mais espaço e isso era muito bom. Enchemos os sacos plásticos de lavanderia com a roupa do sofá-cama. Entregamos o fardo à porta do quarto para que os funcionários do hotel o levassem e nos deitamos para mais uma noite de sono. Éramos dois.

---

33 Aeroporto internacional da cidade de Madrid, na Espanha.

Observando Isabela adormecida, eu reconhecia sua maturidade. Ela estava enfrentando toda aquela situação da melhor maneira possível. Não estava feliz, é verdade, mas não tornou o desafio pior. Sempre que olhava para o copo, via-o meio cheio. Jamais deixou de acreditar que tudo aquilo logo passaria e que teríamos muita história para contar. Sua leitura, as longas chamadas de vídeo com as irmãs, as amigas, as redes sociais, e as conversas presenciais comigo e com Karina a compraziam. Eu esperava que ela sentisse a ausência física da mãe, que trouxesse alguma preocupação, insegurança ou mesmo medo. Nada disso! Ela estava ali, resoluta e consciente. Sem demonstrar nenhum sinal de fraqueza. Sua segurança me dava mais força. Sua fleuma me chocava. Sua mansidão lembrava meu falecido e querido pai, pessoa que sempre admirei pela calma e benevolência com que interagiu com sua família. Que bom! Espero que essas características lhe franqueiem bons caminhos em seu futuro e lhe abram portas. É desejo de pai judicioso.

Eu acumulava esperanças de que os resultados negativos voltassem aos laudos de nossos testes. Contei os dias desde que Isabela havia apresentado sinais da doença e descobri que no dia seguinte ela estaria no oitavo dia. As notícias que nos chegavam, pela televisão e pela internet, reforçavam que o vírus da variante ômicron se hospedava por menos tempo nos humanos, produzindo efeitos também mais leves para os vacinados como nós. Sendo assim, comecei a sonhar com os testes que faríamos na visita aos médicos da DGS. Já era tempo de apresentarem resultados negativos. Olhei para a cômoda e as caixas dos testes rápidos estavam ali, testemunhando nossa pantomima no calabouço. Não os usaríamos amanhã. Dei-lhes boa noite e desliguei a caixola.

# Dia de bedel e de farnel (sétimo dia)

Quatro de janeiro, que dia feliz! Karina chegara em casa e nos dava notícias enquanto tomávamos nosso café da manhã. Estava exausta. O voo não fora tão bom assim. Era um misto de tudo, os sintomas da doença que ainda permaneciam, aterrissar de volta em São Paulo sozinha e preocupada conosco, dar-se conta de que as férias não foram férias. Enfim, estava deitada na cama, com os olhos fundos e o ânimo submerso. Heloísa e Letícia a rodeavam em uma calorosa recepção para a mãe, enquanto Isabela e eu comemorávamos aquela cena. Missão cumprida!

Olhamos o tempo pela janela e, diferentemente de todos os dias anteriores, aquele era chuvoso. Caía uma garoa fina, dessas que não terminam nunca. Isabela e eu estávamos tão felizes em sair do quarto que a chuva não seria um empecilho. Isabela fez pouco caso do frio úmido que se via pela janela. Vestiu-se para um frio dos trópicos. Não ia dar certo. Isabela não tinha experiência alguma com inverno fora do Brasil. Contrariada, vestiu um parrudo casaco impermeável sobre as demais peças. Melhor assim, disse-lhe. Decidimos caminhar e fomos guiados pelo mapa do meu celular. Seria uma caminhada de vinte minutos. Quando alcançamos a calçada, Isabela me agradeceu a insistência com o casaco. O vento trazia uma sensação térmica ainda mais baixa que a temperatura marcada. Estávamos abaixo de 10ºC. Cada um munido com seu guarda-chuva, conhecido em Portugal como chapéu de chuva, cruzamos a Avenida da Liberdade e, subindo ladeiras íngremes e molhadas como a Rua da Caridade e a Calçada Moinho de Vento, alcançamos a Faculdade de Medicina da Universidade Nova de Lisboa. Daí, embalamos em uma descida até a Rua de São Lázaro, local do Centro de Saúde.

Na entrada, uma longa fila de pessoas infectadas ou potencialmente infectadas. Algumas ao relento da chuva. Havia pedaços da fila protegidos por uma marquise e outros, não. Nenhuma preferência para idosos ou pessoas com algum tipo de necessidade de atendimento especial. Isabela e eu apenas observávamos. Mantínhamos uma distância segura dos nossos vizinhos de fila. Usávamos nossas máscaras, pois mesmo sabendo que estávamos infectados, não sabíamos se as demais pessoas ali também estavam. Era parte de nossa cautela com a vida alheia.

Puxei conversa com um senhor português de meia idade, logo a nossa frente. Um aficionado por corridas de carros do tipo *rally*. Havia se aventurado pelo Deserto do Saara em várias ocasiões, com um roteiro que saía de Lisboa, atravessava o Estreito de Gibraltar pela ligação de *ferry boat* entre Algeciras e Ceuta, vencia o Marrocos e o Saara Ocidental de norte a sul e terminava em Nouakchott, na Mauritânia. Ficamos discutindo veículos, estratégias, time, logística, segurança e tudo mais que cerca uma aventura como essa. Isabela não tomou pé da conversa, distraiu-se acompanhando os movimentos da fila e as conversas que se ouviam entre as pessoas.

Em determinado momento, um jovem balcânico, radicado em Lisboa e que já havia morado no Brasil, juntou-se à conversa. Ao sabermos que ele era bósnio, o assunto pulou para o país dele, situação atual, política, economia e oportunidades de trabalho. É intrigante ouvir relatos de um jovem da geração afetada pela Guerra da Bósnia, ocorrida entre 1992 e 1995. Contava-nos que era uma criança durante a guerra que envolveu a própria Bósnia-Herzegovina, a Croácia e a República Federal da Iugoslávia, dos sérvios e dos montenegrinos. A guerra e suas consequências promoveram sua emigração. Além de Portugal e do Brasil, já havia tentado a vida em vários outros países. A região europeia dos Balcãs reúne povos eslavos do sul do continente, com etnias, formações socioculturais e religiosas distintas. Foram unidos por força do desaparecimento do Império Austro-Húngaro ao final da Primeira Guerra Mundial. Inicialmente um reino, derrubaram a monarquia e sucumbiram ao comunismo a partir da Segunda Guerra Mundial, sob a batuta vitalícia do Marechal Tito. Depois da morte de Tito, cristãos ortodoxos, católicos romanos e muçulmanos se digladiaram na Guerra da Bósnia em uma sanha ensandecida pela divisão da antiga Iugoslávia.

Chegou a nossa vez! Não senti o tempo passar com as boas conversas em pé na lenta fila, debaixo de frio e chuva. Fomos convidados a ingressar em uma sala de triagem por funcionárias vestidas de branco, bedéis de faculdades portuguesas do setor de saúde. Era um recinto com um guichê de atendimento e várias funcionárias que distribuíam álcool em gel e senhas e carregavam pranchetas para o cadastramento dos visitantes. Sentamo-nos em uma única cadeira, Isabela em meu colo. As cadeiras guardavam distância de mais de dois metros entre uma e outra e eram insuficientes para todas as pessoas no recinto. Depois de uma pequena espera, fomos entrevistados. Reportamos nosso estado e histórico. A bedel pediu para ver nossos testes com os resultados positivos. Usando as telas dos celulares, apresentamos as versões eletrônicas de ambos. Ela anotou os resultados e datas em um formulário e nos passou meia página para que preenchêssemos com nossos dados pessoais. O formulário era muito simples, quase uma cópia mimeografada, ainda mais com aquele ambiente recendendo a álcool.

Não tínhamos número de utente, uma inscrição de usuário do sistema nacional de saúde português. Era preciso ter esse número. Muito prestativa, a funcionária nos informou que gerariam números de utente para mim e para a Isabela. Assim, estaríamos cadastrados temporariamente, pois teriam validade de três meses. Essa chave era a condição para recebermos o tratamento gratuitamente. Perguntei quando veríamos o médico e foi então que ela me disse que não o veríamos. Ela constatava que estávamos assintomáticos, sem febre, tosse, coriza ou dor no corpo e que, portanto, bastava que esperássemos a geração das matrículas de utente para estarmos liberados. Percebi o quanto o sistema funcionava com base na confiança. O que você reportava era o que seria considerado para as próximas providências. Convidou-nos a esperar ao relento para, assim, darmos lugar a novos pacientes. Por sorte, a chuva havia dado uma trégua. Antes de sairmos, porém, argumentei contra ela sobre as datas de contaminação registradas em nossas fichas. A de Isabela estava correta, mas a minha, não. Ela havia considerado o teste realizado no dia 2 e, se assim ficasse, contariam dez dias para o cumprimento da quarentena. Portugal ainda não havia aprovado a redução para sete dias, como faziam outros países europeus. Isso daria 14 de janeiro como data a partir da qual nós poderíamos retornar ao Brasil. Ela me ouviu e considerou válido o meu relato de que embora tivesse o teste registrado no dia 2, eu já apresentava sintomas desde um dia após a confirmação da doença em Isabela. Essa era a verdade! Estávamos convivendo em um mesmo quarto de hotel. Ao sairmos, percebemos que a fila havia crescido muito. Entendemos ali mesmo o que é um sistema de saúde público estressado. Vários usuários reclamando, em uma autêntica cena que achávamos existir somente no Brasil. Por fim, recebemos duas folhas impressas com nossas respectivas chaves de utente.

Animado, perguntei à Isabela se ela queria passear mesmo que fosse naquele tempo chuvoso e feio. Severa, ela me respondeu:

— Pai, temos que voltar diretamente para o hotel ou corremos o risco de contaminar alguém.

Fiquei desconcertado. A criança ali era eu. Que vergonha! Não discuti, apenas reconheci que ela estava coberta de razão e, assim, rumamos com nossos chapéus de chuva abertos para a realidade de nossas quatro paredes. O caminho era o mesmo, em sentido oposto. Fizemos uma rápida parada para uma fotografia que registrasse o momento de nosso breve passeio na Rua da Caridade. Nome sugestivo!

No dia em que chegamos a Lisboa, vimos que a mala de Karina havia perdido uma roda. Como se tratava de uma mala muito antiga, decidimos não reclamar a avaria com a empresa aérea. Para que Karina não fosse arrastando uma peça claudicante, pesando mais de 20 quilos de volta ao Brasil, trocamos de mala. Eu fiquei com a mala avariada e ela seguiu com a boa. A uma quadra do hotel, passamos em frente a uma loja de malas. Quis aproveitar a oportunidade para entrar e comprar uma mala nova. Isabela, monossilábica, vociferou e com os olhos repreensivos me desconcertou mais uma vez:

— Não!

— Sim, senhora! — respondi.

Entramos, mãe e filho, no saguão do hotel. Na recepção, revalidamos nossos cartões de acesso ao elevador e ao quarto. Não demorou cinco minutos e o telefone tocou. Avisavam-nos da recepção do hotel que deixariam uma encomenda na porta de nosso quarto.

Abrimos a porta e havia uma generosa sacola, com frios, vinhos, biscoitos, queijos, pães, doces e outras delícias, além de livros. Tinha provisões para mais de uma semana. Uma surpresa que animava a alma, que fazia ver que você não estava ali sozinho. As conversas diárias ao telefone que tínhamos com todos já eram uma demonstração desse carinho e afeto, mas aquilo nos surpreendia. Trazia mais ânimo. Isabela sorria feliz, cantando cada elemento da cesta. Veja isso, olhe aquilo, etc. Junto àquele farnel, um cartão denunciando a meliante. Era minha prima, moradora de Cascais, que por muito pouco não encontramos no saguão. Liguei imediatamente para agradecer e ela nos atendeu do carro, voltando para casa. Tinha passado no Corte Inglês, famosa loja de departamentos espanhola com filial em Lisboa, e providenciado uma cesta de mimos. Rimos muito com ela em um longo bate-papo. Inclemente, ela contava histórias de nossa juventude, parte em Campo Grande e parte em São Paulo. Isabela, muito interessada, dava corda. Soube ali que minha prima havia recebido, das mãos de Karina, o buquê de flores com que a mãe havia se casado. Muitas histórias de vida. Detalhes do passado que, em geral, os filhos gostam de ouvir. Arrumamos tudo e sentamo-nos à mesa para desfrutar aquele delicioso presente recebido. Essa seria a primeira vez, desde o início de nossa clausura, que não comeríamos na companhia do cerimonioso Apícius.

Deitamo-nos para descansar e aproveitamos para atualizar Karina sobre o bedel e o farnel. Já estava com a aparência melhor, com a voz mais animada, diferente do momento da chegada. Ela ria, pois havia confabulado com minha prima e sugerido algumas das guloseimas que recebemos. Já sabia de tudo. Enquanto falávamos, ouvíamos toques à porta do quarto. Um funcionário do hotel anunciava mais duas sacolas: a primeira, com provisões entregues na recepção do hotel, era tão grande e farta como a sacola que recebemos horas antes de minha prima; e a segunda, uma esmeralda caixa de pastéis de nata, enviada da cozinha de um dos restaurantes do hotel para a Isabela diretamente.

O sentimento de felicidade e incredulidade estava redobrado. O cartão que acompanhava a sacola desta vez denunciava os nossos amigos de São Paulo, em visita a Portugal: *Lady* e *Lord*. Fomos apresentados a eles anos atrás, por meio dos nossos amigos moradores de Cascais, em cuja casa esperávamos passar o *Réveillon*. Têm a capacidade ímpar de fazer amigos, estabelecer conexões genuínas e cultivá-las ao longo do tempo. Ela sempre teve uma conexão especial com a Isabela, mimando-a carinhosamente. Alguns dos itens da cesta eram claros afagos a ela. *Lady* e *Lord* ficariam em Lisboa por mais alguns dias e seguiriam para o Algarve com o intuito de passarem o aniversário dele por lá.

Karina, ao telefone, ria ainda mais. Também já sabia da segunda cesta e nos contou que mesmo insistindo para que, tanto minha prima como nossos amigos, não se preocupassem com isso, teve que delatar algumas de nossas preferências.

Tentávamos acomodar tudo o que requeria refrigeração no apertado frigobar do quarto. Milagrosamente conseguimos. Improvisamos uma despensa, com os itens não perecíveis sobre a mesa de mármore. Durante as refeições e lanches que faríamos naquele e nos dias seguintes, aproveitaríamos muito daqueles agrados recebidos. Obrigado aos primos! Obrigado aos amigos! Obrigado ao hotel!

Foi um dia muito agitado. Cheio de eventos, de surpresas boas e de coisas diferentes. Deitados, Isabela e eu trocamos algumas palavras:

— O que você acha, pai? Quero muito voltar para casa. Quando conseguiremos?

— Eu sei filha. Amanhã você vai ver, será um dia com boas notícias. Tenho um bom pressentimento.

Dei um beijo em minha filha, torcendo para que recebêssemos alguma notícia da DGS que permitisse nossa volta. A atendente nos disse que eles entrariam em contato conosco, dando as orientações de alta, mas não precisou quando exatamente. Minha visão otimista e minha premonição indicavam que o dia seguinte seria promissor.

# Um presente antes da Lua Crescente (oitavo dia)

No café da manhã, propus à Isabela que fizéssemos mais um teste rápido nela. Quem sabe já teríamos uma inversão de seu resultado? O café foi demorado. Uma Isabela falante me dava conta de suas conversas com as amigas. Dias atrás, enquanto Karina ainda estava conosco, havia conversado com as amigas do grupo conhecido como "As Fazendetz": sete amigas unidas pela proximidade entre as mães, que por sua vez eram companheiras de universidade, de repúblicas de estudantes e de Santos. Tinham esse raro nome porque uma das mães casou-se com um expoente do pensamento político, social e econômico brasileiro, conhecedor profundo dos desafios e oportunidades atuais do Brasil, cuja família é proprietária de fazendas, por gerações. Somos frequentadores assíduos de uma das fazendas, situada entre Campinas e Jaguariúna, por anos. As repetidas visitas e o relacionamento longevo produziram uma amizade entre nossas filhas, todas mulheres, que se amalgamou entre os casarões antigos da fazenda, transformando-as em "As Fazendetz". Entre os maridos e namorados, também seguimos pelo mesmo caminho, cultivamos também uma amizade, mantendo a alcunha de "Os Agregados". As filhas nasceram em uma ordem que compõe uma escala entre as sete, com diferença de seis anos entre a mais velha e a mais nova.

A história tinha a ver com o fato de que duas delas completaram recentemente 15 anos e ganharam de presente uma viagem ao exterior. O drama era que uma das duas apresentou resultado positivo em seu teste de PCR, impedindo que ela embarcasse para a viagem. Eram mais planos e sonhos vitimados. Quando soubemos, Karina ligou para a amiga e tratamos de atenuar a frustração daquele impedimento. Entre Isabela, Karina e mim, nos revezamos para mostrar a alcova de nossa aventura agourenta. Quem sabe assim diminuíamos o sofrimento da amiga. Ela não quereria viajar para acabar presa como nós, em um quarto de hotel. Seus olhos denunciavam uma inconformidade irretorquível. A mãe, ao lado dela, ouvia agradecida e prenunciava um adiamento da viagem, em vez de um cancelamento. Ainda que possível, o adiamento impediria que se aproveitasse a viagem em parceria com a amiga, pois a que não estava infectada acabou embarcando, lamentando igualmente a situação.

A notícia que Isabela trazia no café da manhã era a de que um novo teste de PCR havia apresentado resultado negativo e, assim sendo, a amiga embarcaria para encontrar-se com a outra e aproveitarem, enfim, a viagem juntas. Que bom! Festejei a novidade com a Isabela e reforcei o convite para seu novo teste. Desde a noite anterior, por alguma razão, eu estava esperançoso.

Retiramos tudo de cima da mesa de mármore, desinfetamos as mãos e começamos com o novo teste rápido. Cumprido o protocolo do teste, fomos torcendo pelo resultado negativo, que nos primeiros minutos se confirmava. Ficamos sem olhar para o indicador até que se completassem os quinze minutos. Com a esperança esbugalhada nos olhos, miramos o resultado. As pálpebras pesaram. O arrenegado persistia. Depois de alguns instantes em silêncio, Isabela perguntou-me:

— Até quando, pai? Quando?

— Calma filha, calma. O resultado negativo vai chegar logo, você vai ver.

Fomos tentar nos distrair com outras coisas. Eu a trabalhar, Isabela com o seu livro. Logo depois do almoço, me levantei e decidi fazer o teste em mim. Achei pouco provável um resultado negativo, pois Isabela era quem tinha mais tempo com a doença. Se ela ainda apresentava resultado positivo, eu, fatalmente, iria pelo mesmo caminho.

Toca a preparar tudo de novo. Minha assistente Isabela, reanimada, aplicava o teste em mim, como uma proficiente farmacêutica. Em minutos, estávamos os dois debruçados sobre o pequeno tablete indicador. Não baixamos a guarda. Acompanhávamos os minutos até o décimo quinto, celebrando cada segundo. O teste apresentava resultado válido e o veredito era negativo! Isabela exclamou lembrando sua vó, minha mãe, uma mulher extremamente corajosa e positiva e de quem a neta é uma bela cópia fiel:

—Viva! Viva! Viva!

Dei risadas. Meu pressentimento estava certo. Chamei, clamei, supliquei por esse resultado durante dias. Mas o que fazer com o fato de que horas atrás o resultado de minha filha ainda era ruim? Resolvi chamar nossa prestativa farmacêutica, apostando que o resultado do teste rápido da Isabela estava equivocado. Vejam como transitamos entre nossas quimeras e a realidade. A farmacêutica nos visitaria às 19 horas e eu reforçava em minha mente a dupla esperança de que Isabela, passadas várias horas do teste feito pela manhã, viraria o resultado e eu manteria o meu. Os planos voltaram a nossa cabeça e me antecipei ligando para nosso agente de viagens para repetir a operação de seu plantão, a fim de remarcarmos os bilhetes aéreos. Karina, por sua vez, já conversava com sua sincrética mesa de cabeceira, apelando para todas as divindades e seus badulaques.

Ainda estávamos sob o período da Lua Nova. A Lua Crescente chegaria apenas no dia 8 de janeiro e meu pedido com base na tábua lunar era de que a Lua Nova nos redimisse. Deu certo, a farmacêutica acabava de decretar nossa liberdade e eu agradecia incessantemente a tudo e a todos. Depois de espalharmos a notícia aos quatro cantos, decidimos sair, para jantar fora, para passear, para amanhecer na rua, se fosse possível. Não dava. Primeiro que não éramos loucos, estávamos apenas reagindo, solenizando aquilo que mais perseguimos nos últimos dias; e, segundo, fazia muito frio com o céu gotejando uma fina camada de chuva sobre Lisboa. Isabela e eu já estávamos escolados com os guarda-chuvas. Sacamos dois e deixamos nosso cubículo.

Era tarde e Lisboa não é tão notívaga assim. Decidimos caminhar pela Avenida da Liberdade em homenagem a nossa conquista. Fomos observando os desenhos das calçadas portuguesas. Uma beleza de mosaico constituído por pequenas pedras de calcário branco e preto, com cortes irregulares que desenham motivos perfeitos nas mãos dos calceteiros. É merecida a escultura em homenagem a eles na mesma avenida, à altura do famoso Hotel Avenida Palace. Tomamos a direção oposta à Praça dos Restauradores, com destino ao Parque

Eduardo VII. Eu explicava para Isabela que Eduardo não havia sido um rei português. Aquele parque era uma alta mesura à visita do soberano do Reino Unido à Lisboa. Eduardo era filho da rainha Vitória, bisavô da Rainha Elizabeth II e primeiro mandatário da dinastia Saxe-Coburgo-Gota, mais tarde renomeada como Windsor para eliminar a alusão às origens germânicas, inadmissíveis nos anos das Grandes Guerras. Ao longo da história, Portugal e Inglaterra sempre mantiveram relações próximas. No mar, Portugal era o arrojo, a coragem e a intrepidez; a Inglaterra a força, o poder e a ganância. Não foram poucas as vezes em que Portugal complementou a Inglaterra, em especial o caixa. Em sentido contrário, a Inglaterra entrou com a força, com a defesa.

Àquela hora, não era possível observar toda a beleza do parque com sua relva verde. Paramos um pouco para olhar a rotunda e seu movimento quando alguém nos chamou. A voz vinha de cima, do alto da coluna. Era o Marquês de Pombal. Altivo, pleno em galhardia e orgulho, explicava-nos que sua vista era privilegiada. Acompanhava ininterruptamente os avanços de Lisboa, em especial da Baixa, parte a que ele mais se dedicou no processo de reconstrução depois do forte tremor de 1755. O leão, escudeiro do garbo marquesal, zelava sobranceiro por todos os cantos daquele estuário.

Isabela e eu estávamos metidos em uma intensa prosopopeia com aquele impávido bronze. Amado e odiado. Um tirano arquiteto da reforma do estado português que permitiu ao monarca, D. José I, o título de "O Reformador". Falou-nos do período em que serviu a D. João V, como embaixador de Portugal em Londres, mas concentrou-se mesmo em suas atividades de primeiro-ministro, no governo de D. José I. Contou-nos sobre os atos que mudaram a vida do Brasil, depois que percebeu nossas origens: a extinção das capitanias hereditárias; a proibição do *Nheengatu* — língua amplamente falada na colônia, derivada do tupi-guarani; a instituição da cobrança da "derrama" às Minas Gerais, impondo à população que sangrasse seus bens e reservas até que completassem o valor mínimo do "quinto" (a quinta parte da produção que era recolhida como imposto para a Coroa Portuguesa); a mudança do eixo econômico brasileiro do nordeste para o sul, culminando com o deslocamento da capital, de Salvador para o Rio de Janeiro; e o incentivo à miscigenação entre portugueses e índios para assim aumentar o número de súditos fiéis à Coroa em território brasileiro. Esse último ato, aliás, era a continuidade de uma estratégia perpetrada por séculos e por onde os portugueses aportassem. Pombal então sugeriu que subíssemos ao último andar do hotel onde estávamos hospedados para, de lá, termos uma das mais belas vistas do vale que ele via do alto de sua coluna.

Voltamos pelo mesmo caminho, dessa vez com Isabela acusando o horário avançado e a necessidade de aplacar sua fome. Comemos muito bem e agradecemos ao Marquês de Pombal a indicação da visita ao mirante de nosso hotel. Estávamos satisfeitos com as nossas extravagâncias.

Voltamos ao quarto, arrumamos nossas malas e aproveitei para mandar uma mensagem de áudio. Dessa vez, eu agradecia a preocupação e o cuidado de um grande amigo suíço-mexicano, um *gentleman*, casado com outra amiga de infância de Karina. Nós o conhecemos quando morávamos no México, entre 2005 e 2007, em um jantar em nossa casa quando ele ainda era namorado dessa amiga de Karina. O casal é muito amigo nosso e ele havia me ligado no dia anterior para nos oferecer sua casa em Portugal, em Cascais. Disse-me que estava vazia e que poderíamos ocupá-la sem problemas, até nosso retorno ao Brasil. Diante do sucedido, já não seria mais necessário; mas confesso que se a Lua Nova falhasse em seu compromisso comigo, eu aceitaria de muito bom grado a oferta. Afinal, a saúde mental, frente a um confinamento inesperado, começava a cobrar preços cada vez mais altos.

Fomos dormir com a imagem de nossos bilhetes aéreos confirmados para o dia seguinte de volta para casa. Comunicamos nossa saída do hotel, prevista para às 13 horas, em direção ao aeroporto. Obrigado à Lua Nova!

# O infante e o caminho de casa (nono dia)

O dia amanheceu com um céu de brigadeiro e com um frio no padrão paulistano. Convidava-nos a um passeio ao ar livre. Acordamos cedo e nossas malas já estavam bem encaminhadas. Pela primeira vez, descemos ao restaurante para o pequeno almoço. Fomos recebidos com um pedido de teste negativo. Sacamos orgulhosos nossos certificados, devidamente registrados pelo cartório de nossa amiga farmacêutica, e ocupamos uma bela mesa com vista para uma rua lateral de acesso ao hotel. Satisfeitos com o café da manhã, tomamos um táxi e rumamos para a Torre de Belém. No caminho, passamos pela Basílica da Estrela e pela Lapa. Queria parar, descer e conhecer. Já expliquei como abomino as excursões fugazes. Não dava, pois nosso foco estava em passar a manhã em Belém. Sabíamos como seria apertado cumprir uma agenda mínima com menos de três horas. Era o que dispúnhamos. O motorista de táxi deixou-nos na Torre de Belém. Estava fechada. Não podíamos conhecer seu interior. Tudo bem. Tiramos belas fotos e Isabela conheceu a importância de uma fortaleza, por que suas localizações eram tão estratégicas, o ponto geográfico de defesa na boca daquele estuário. Saiu impressionada com a arquitetura.

— Pai, por que tanto esmero em uma obra que seria alvejada por tantos canhões de navios, com tantas bombas?

Época e estilo são as respostas que ela mesma se deu. A torre é de 1520. O estilo é o manuelino e a época, a do rei D. Manuel I. Nos momentos históricos em que os roces com a Espanha deixaram de existir, a torre foi transformada em uma masmorra.

Caminhamos ao longo do rio Tejo e chegamos à réplica em aço do monomotor Santa Cruz. Ah! Esses intrépidos portugueses, entendem de navegação e de valentia. Dois deles, Sacadura Cabral e Gago Coutinho, ainda inspirados pelos antecessores da Escola de Sagres e do Infante D. Henrique, decidem celebrar os 100 anos da independência do Brasil cruzando o Atlântico, de Lisboa ao Rio de Janeiro, de março a junho de 1922. É a primeira travessia aérea sobre o Atlântico. Sacadura Cabral era o piloto e Gago Coutinho, o navegador. Gago decide utilizar pela primeira vez o sextante. Isabela, curiosa, me pergunta:

— Pai, o que é um sextante?

— Sextante é um instrumento de navegação que mede a distância angular na vertical entre dois pontos. A orientação tinha como pontos referentes os astros e a linha do horizonte. O uso do sextante no avião permitia, pela primeira vez, que se decidisse sobre a navegação desde a cabine de comando.

Os dois aviadores aportaram nas Ilhas Canárias e em Cabo Verde, na costa oeste da África. De lá, seguiram para os arquipélagos brasileiros de São Pedro e São Paulo e de Fernando de Noronha. E por fim, ao continente, com escalas em Recife, Salvador, Porto Seguro e Vitória até a chegada ao Rio de Janeiro. Tratados justamente como heróis, honraram a bem-aventurança dos navegadores portugueses, dos mares aos ares. Os percalços ao longo da rota foram muitos. O Lusitânia, avião que deixou Lisboa, foi avariado em Cabo Verde e no Penedo de São Pedro e São Paulo, sendo substituído por outro hidroavião em Fernando de Noronha, o Pátria. Ao deixar os arquipélagos brasileiros, novas avarias abatem o Pátria e é com o Santa Cruz, hoje exposto no Museu da Marinha Portuguesa em Lisboa, que tocam as águas da Baía de Guanabara. Não conseguimos uma foto no monumento. Ele havia sido monopolizado por uma filmagem feita por um diretor que orientava uma brasileira, orgulhosamente narrando o feito dos dois portugueses. Em 2022, celebramos 200 anos de independência brasileira e 100 anos da façanha de Gago e Sacadura.

Seguimos nosso caminho sobre aquela bela esplanada ribeirinha, em direção ao Padrão dos Descobrimentos. Um monumento com amplas velas de betão, cingidas de bem-afamados pétreos portugueses, seus instrumentos de navegação, bandeiras e o famoso marco padrão que fincavam em portos conquistados à África, às Américas, à Ásia e à Oceania. Os marcos padrões eram colunas feitas em pedra ou mármore, com as armas portuguesas esculpidas nos seus capitéis e encimadas por uma cruz ou por um *globus cruciger*, uma joia símbolo de poder cristão ungido a um governante terreno, composta de um globo com um crucifixo em sua parte superior. Eram peças inconfundíveis, usadas como provas da presença portuguesa e de seus direitos de posse sobre aquele porto e seus domínios. O marco padrão ainda pode ser visto em cidades brasileiras como Salvador, Rio de Janeiro, Santos e São Vicente. O da cidade do Rio de Janeiro é o único deles que não está mais instalado ao ar livre. Foi originalmente cravado por Estácio de Sá no Morro do Castelo, centro da cidade. O morro foi removido em 1922, junto com a histórica igreja de São Sebastião do Rio de Janeiro. A igreja foi transferida para o bairro da Tijuca, na zona norte da cidade, com o novo nome de Santuário Basílica Matriz de São Sebastião dos Capuchinhos, levando consigo a lápide de Estácio de Sá, fundador da cidade, e seu marco padrão.

À proa do monumento, alteado, está o infante D. Henrique. Ele oferece o lusitanismo ao mundo, por meio de uma caravela com rica armação de vergas e um velame desfraldado em típica configuração latina. Sua direção é o mar. Indica-nos o caminho de casa pelo estuário. Arroja-se como se pudesse flutuar sobre a imensidão das águas. Seu séquito o impulsa com o desígnio da conquista. Com ele estão: Vasco da Gama, descobridor do caminho para as Índias; Pedro Álvares Cabral, descobridor do Brasil; Fernão de Magalhães, primeiro circunavegador da Terra; Gaspar Corte Real, primeiro navegador a alcançar a Terra Nova no Canadá e a Nova Inglaterra nos Estados Unidos da América; Martim Afonso de Souza, donatário da Capitania de São Vicente; Bartolomeu Dias, o navegador que dobrou o tormentoso Cabo da Boa Esperança no extremo sul da África; Diogo Cão, o navegador que alcançou a foz do Rio Congo, também conhecido como Rio Zaire, pensando que se tratava do Cabo da Boa Esperança; Afonso de Albuquerque, que conquistou Ormuz e seu estreito entre os atuais Irã e Omã, Malaca na atual Malásia, as Ilhas Molucas na atual Indonésia e o Timor Leste; Gil Eanes, navegador que dobrou o Cabo do Medo, no Saara Ocidental, mais conhecido como Cabo Bojador; João Gonçalves Zargo, navegador e administrador da Ilha da Madeira, e Afonso Gonçalves Baldaia, navegador e explorador dos Açores, com foco na Ilha Terceira. O rei Afonso V, Filipa de Lancastre — mãe do infante —, matemáticos, artistas, franciscanos, jesuítas e dominicanos completam seu *entourage*.[34]

— Pai, não falta aqui Luís de Camões?

> Mas entanto que cegos o sedentos
> Andais de vosso sangue, ó gente insana!
> Não faltarão Cristãos atrevimentos
> Nesta pequena casa Lusitana:
> De África tem marítimos assentos,
> É na Ásia mais que todas soberana,
> Na quarta parte nova os campos ara,
> E se mais mundo houvera, lá chegara.

— Sim, claro, Bela. Você tem razão, falta o poeta. Ele leva consigo, em um papiro esculpido em pedra, do canto VII, a décima quarta estrofe de *Os Lusíadas*.

Seguimos para a parte posterior do monumento, pisando por uma calçada de pedras portuguesas no formato de ondas, iguais àquelas que se observam nas praias da zona sul da cidade do Rio de Janeiro.

— Pai, que linda essa rosa dos ventos! É imensa! Há desenhos de caravelas por todas as partes do mundo. Vejo, agora, aonde chegaram os portugueses.

— "E se mais mundo houvera, lá chegara"! — repeti o poeta em resposta à Isabela.

Pisávamos as naus portuguesas tão bem recortadas em pedra e sobrepostas às margens costeiras dos continentes com os

---
[34] Do francês, grupo de indivíduos que formam a roda habitual de alguém.

anos de sua chegada em um mapa-múndi aposto sobre uma grandiosa e bela rosa dos ventos. Tudo perfeitamente executado em cantaria de calcário lioz.[35] Um espetacular mosaico do piso, situado na popa da caravela do grande monumento. Um presente a Lisboa e à história portuguesa dos estrangeiros que mais reverenciam Bartolomeu Dias: os sul-africanos.

Cruzamos a passarela subterrânea em direção ao Mosteiro dos Jerônimos. Os jardins, em reforma, estavam fechados com tapumes. Tomamos a decisão de tirarmos fotos do exterior daquele belo complexo arquitetônico, obra-prima de D. Manuel I, o Venturoso. É o registro mais importante do estilo manuelino. Entramos na igreja e nos deparamos com várias sepulturas de membros da família real portuguesa do período sob a regência da Casa de Avis, de Vasco da Gama e de Luís de Camões. Parei aos pés do poeta e apenas o agradeci por tantas situações em que seus cantos me inspiraram, em especial aquele que me fez chegar sobre os Pacheco de Castro. Sabia que ali ele não me escutaria, como me escutara no Chiado. Obrigado, Camões!

Queríamos muito ver o Claustro, mas o severo compasso do relógio não nos dava mais tanto tempo. Tínhamos de estar de volta ao hotel ao meio-dia para uma ducha, o fechamento das malas e o *checkout*. Subimos em um táxi e, mal arrancamos, sentimos muito não termos provado os famosos pastéis de Belém. Prometemos voltar.

Pedi ao táxi que nos deixasse em frente à loja de malas, perto do hotel. Agora sim, devidamente livre do vírus, Isabela concordava em visitar a loja e fazer uma compra relâmpago de uma nova mala. Fomos caminhando da loja ao hotel, levando a nova mala que, dentro do quarto, recebeu toda a carga que

---

35 Tipo raro de pedra de calcário de coloração bege ou rosa, com veios de tom lilás, com alta dureza, que ocorre na região de Lisboa e arredores.

lhe correspondia. Esvaziamos o frigobar e nossa pretensa despensa, organizada sobre a mesa de mármore. Colocamos todas as guloseimas que não consumimos em uma pesada sacola e a deixamos em lugar bem visível com um cartão dedicado aos funcionários do hotel em agradecimento à cortesia do atendimento durante todo o período que estivemos ali. Devolvemos ao hotel duas caixas, com testes rápidos contra a doença, que não havíamos consumido, e corremos para o aeroporto de Lisboa. Faríamos o mesmo trajeto de retorno de Karina. Lisboa a Madrid e de lá a São Paulo.

Vencemos a festa da burocracia entre países, com exigências distintas em cada fronteira: certificados de vacina em um, teste de PCR ou antígeno em outro, os dois em um terceiro, preenchimento de formulários com uma miríade de informações pessoais para a Espanha e para o Brasil. Um apuro!

Queríamos deixar o vírus e a doença "a ver navios", como fez D. João VI, o Clemente, o príncipe regente, filho de D. Maria I, a Piedosa em Portugal e a Louca no Brasil. Com Napoleão Bonaparte invadindo Portugal, às portas de Lisboa, ele embarcou com toda a sua corte, em um comboio de caravelas sob a proteção da armada inglesa, para cruzar o Atlântico e aportar no Rio de Janeiro. É daí a expressão "ficou a ver navios". As tropas francesas ficaram "a ver navios" na barra de Lisboa, não alcançaram D. João VI e sua corte.

Desde que D. Afonso Henriques venceu sua mãe na batalha de São Mamede em 1128, expulsou os mouros na batalha de Ourique em 1139, venceu seu primo, o imperador Afonso VII de Galiza, Leão, Castela e Toledo no Recontro de Valdevez em 1140, celebrou o Tratado de Zamora com o mesmo primo em 1143 e recebeu do papa Alexandre III o reconhecimento de sua condição régia portucalense em 1179, Portugal se estabeleceu como Reino, como país, tendo determinado a cidade de Guimarães como sua primeira capital. A partir daí, a capital seria sempre a cidade onde o soberano se fixasse. Dessa forma, Guimarães, Coimbra e Lisboa se tornaram, nessa ordem, as três primeiras capitais, sendo que Lisboa cederia lugar temporariamente a Angra do Heroísmo, na Ilha Terceira dos Açores, por duas vezes e ao Rio de Janeiro em 1808, por uma única vez. A quinta capital de Portugal, estabelecia uma inversão metropolitana. A colônia ditaria os rumos do Reino. O Rio de Janeiro se tornaria a capital de um Reino com incursões em todos os continentes.

Em tempo, D. João VI acompanhou por anos os movimentos de Napoleão Bonaparte. Buscou acordos com o apoio de seus embaixadores para manter um posicionamento neutro nas disputas de poder entre França e Inglaterra. Negociou à exaustão e ao mesmo tempo desenhou com tempo, cautela e sagacidade um plano alternativo de deslocamento, caso a busca de entendimentos falhasse e Napoleão invadisse Portugal. Contou com o apoio de estrategistas destacados da corte portuguesa para, propositadamente, colocar em prática os planos da transferência e manutenção da coroa desde o Brasil em um novo Reino denominado de Portugal, Brasil e Algarves, cuja dimensão cresceria em importância, proporcionalmente à área sul-americana; deixando o Brasil, definitivamente, a sua subpatente de colônia. A corte portuguesa via nesse deslocamento a possibilidade de conquistar os domínios do *Rio de la Plata*,[36] caso a relação com a Espanha se deteriorasse, aumentando assim seus alcances e seu poder. A esposa de D. João VI, D. Carlota Joaquina, era filha do rei de Espanha, Carlos

---

36 O Rio da Prata é um estuário formado pela junção do Rio Paraná com o Rio Uruguai. Banha a cidade de Buenos Aires, na Argentina, e Montevidéu, no Uruguai.

IV, que abdicou de sua coroa em favor do filho Fernando VII, irmão de D. Carlota Joaquina, que também abdicou à coroa espanhola em favor do irmão mais velho de Napoleão, José Bonaparte, pós invasão francesa da península ibérica. Em que pese o comportamento desleal de D. Carlota Joaquina em relação ao esposo, D. João VI, o estabelecimento da coroa no Rio de Janeiro inaugurou um período de conquistas em que o Brasil anexou a província Cisplatina, atual Uruguai, conhecida também como a banda oriental do *Rio de la Plata*, e a Guiana Francesa, ambos em contraposição aos movimentos napoleônicos em Portugal e Espanha.

Algumas ligações para nos despedirmos dos amigos e parentes em Lisboa e dos queridos tios da Karina que vivem em Santos, mas que naqueles dias haviam viajado para o interior da Bélgica, para uma visita ao filho, nora e neto que vivem por lá. Estavam muito preocupados conosco. A linhagem de Duartes, de Pachecos, de Castros, produziram barões assinalados emigrados da açoriana Ilha de São Miguel ao Brasil, como cantado por Camões na abertura de sua máxima epopeia. Um dia, em uma de minhas conversas com esse tio, tive a audácia de lhe entregar a estrofe em reconhecimento ao movimento feito por seus antepassados. Minha audácia estende-se agora aos seus três outros irmãos, dentre eles minha sogra. Cada português emigrado, ainda hoje, é merecedor dessas rimas.

> As armas e os barões assinalados,
> Que da ocidental praia Lusitana,
> Por mares nunca de antes navegados,
> Passaram ainda além da Taprobana,
> Em perigos e guerras esforçados,
> Mais do que prometia a força humana,
> E entre gente remota edificaram
> Novo Reino, que tanto sublimaram;

Conversamos muito, Isabela e eu, sobre tudo o que aconteceu e como estávamos contentes em poder voltar para casa. Deixamos Lisboa com a certeza de que voltaremos à casa portuguesa. Aterrissamos em Madrid no início da noite e, depois de algumas horas, tomamos os nossos assentos no tramo derradeiro de nossa viagem de volta. Pela janela, a Lua Nova nos despedia.

# A chegada ao Brasil (décimo dia)

Chegamos ao Brasil em uma sexta-feira pela manhã. Depois da festa e do almoço em família, descansamos. Como é bom voltar ao núcleo, os cinco novamente reunidos. Estávamos tomados por um sentimento de alívio, sem absolutamente nenhum gosto de fel na boca. Vivemos uma experiência que assolou nossas fronteiras, revirou nossas rotinas, redirecionou nossas expectativas, redefiniu nossos limites e expandiu nossos conhecimentos sobre as pessoas que achávamos que mais conhecíamos: nós mesmos.

À medida que eu avançava com a escrita do livro, mais me deparava com o desafio de traduzir aos leitores os sentimentos que nos rondam em momentos anômalos, atípicos, incomuns de nossas vidas. Reforço a visão de que o livro não está para medir e comparar dores, causas e consequências, dependendo do evento que dispara a excepcionalidade. Reconheço que há desafios que a vida nos apresenta muito mais custosos e perturbadores, sob todos os aspectos, do que o vivido por nós em Lisboa. Em nosso caso, devo lembrá-los de que se tratou de algo que nossa própria decisão disparou. Viajar para o exterior foi fruto de um pensamento fugaz, regido pelo sistema um descrito pelo professor Kahneman. Uma grande parte dos desafios custosos e perturbadores que acometem as pessoas são involuntários. Eles se apresentam sem que tenhamos, necessariamente, atuado para isso. É o caso de determinadas doenças, guerras, violências, etc. O objetivo do livro é o de provocar o pensamento que nos leve às vias de desenvolvimento de consciência e de buscas para a resolução do problema, seja ele da estatura que for. Percebo que isso é algo que tem sido bastante difícil no cotidiano das pessoas.

Heloísa e Letícia, muito curiosas sobre tudo o que havia se passado na viagem, nos perguntavam detalhes. Eu respondia do jeito que vocês já sabem, contando história:

— Nossa tão esperada viagem a Portugal foi emblemática. Os portugueses nos reservaram uma visão de Lisboa que jamais tive. Desde a sua criação até hoje.

— Quem fundou Lisboa, pai? Como começou? — perguntou Heloísa.

— Lisboa foi lendariamente fundada pelo grego Ulisses, depois de haver deixado Troia, navegado pelo Mediterrâneo, cruzado as Colunas de Hércules e subido a foz do Rio Tejo. Com o passar dos séculos e com a mescla de diferentes conquistadores, fenícios, gregos, cartagineses, romanos, visigodos e muçulmanos, a originariamente Allis Ubbo, que quer dizer Porto Seguro, tornou-se Olisipo, Olisipone, Olisipona, Ulishbon, al-Ushbuna, até chegarmos a Lisboa de hoje.

— Pai, espera aí. Colunas de Hércules? O que você tem a ver com isso? — dessa vez, era Letícia quem perguntava.

— Eu não, filha, mas o semideus Hércules, filho de Júpiter e Alcmena, da mitologia romana. Ele realizou seu décimo dos doze trabalhos, percorrendo o Mar Mediterrâneo até encontrar as terras onde a Península Ibérica beija a África, o famoso Estreito de Gibraltar. As terras eram então contínuas. Foi o semideus que com os seus ombros e força afastou os dois continentes e abriu passagem para que o Mar Mediterrâneo encontrasse o Oceano Atlântico. Seu movimento acabou produzindo dois promontórios, um de cada lado. No continente europeu, em território britânico, o Rochedo de Gibraltar; do lado africano, no Reino do Marrocos, o Monte Musa. Estão lá, até hoje, como prova do esforço de Hércules.

— Um dia quero visitar Gibraltar e o Marrocos só para ver suas colunas, pai — brincou Isabela.

— E eu te acompanho, Isabela — acrescentou Karina.

Eu prosseguia na resposta à pergunta de Heloísa.

— Os portugueses têm em sua história a riqueza dessa mescla de diferentes culturas. Foram agentes de miscigenação, espalhando-se pelo mundo como vimos na Rosa dos Ventos das calçadas de Belém. Misturaram-se a numerosos povos, em vários portos, para assim aumentarem sua importância no mundo. Quando chegaram ao Brasil, não foi diferente. Essa viagem, um pouco nas ruas de Lisboa e muito entocados em nossa cela, nos aproximou de nossa história. Lisboa foi cenário, pano de frente e de fundo para o lusitanismo e para os atos de autoconhecimento de três de nós: Isabela, sua mãe e eu. Aproximou-nos de nós mesmos.

# Lisboa ainda nos chama (décimo sexto dia)

No dia 13 de janeiro, quinta-feira, meu telefone celular toca enquanto estou em uma reunião de trabalho, no meio de uma apresentação sobre um novo projeto, com vários participantes. O toque é demorado, insistente. Não posso atender. Estou ocupado. Trabalhando. Fiquei com aquilo na cabeça e ao final do dia, depois de cumpridas as tarefas, recupero o número chamado e o prefixo internacional 351 indica que era uma ligação proveniente de Portugal. Pensei nos amigos, em minha sócia, em minha prima e até mesmo no hotel. Concluí que não haveria maneira de saber do que se tratava se não ligasse de volta. Liguei. Ouvi uma longa gravação quase ininteligível. O acento e a velocidade da fala não contribuíam. Tive que ligar mais de uma vez para entender que se tratava do Serviço de Saúde português. Pediam-me para ter em mãos o número de utente, aquele com o qual nos contemplaram na visita que Isabela e eu fizemos à unidade de saúde da Rua São Lázaro. A gravação seguia informando-me que, naquele instante, todos os atendentes estavam ocupados e convidando-me a esperar. Não havia passado em minha cabeça que aquela ligação pudesse ser o prometido retorno da DGS, mas aí estavam eles. Não esperei, desliguei o telefone. Lembro-me que minhas ligações à DGS, em Portugal, tiveram tempos de espera muito prolongados. Não tinha sentido aguardar. Por indicação dos bedéis da Rua de São Lázaro, a DGS entraria em contato conosco por e-mail, justamente pelo alto custo das chamadas internacionais aos nossos celulares. Ocorreu o contrário. Deduzo que pela integração entre os sistemas de informação portugueses, mais cedo ou mais tarde, concluirão que já regressamos ao Brasil e nos darão baixa de seus controles. Comentei com Isabela e Karina a respeito e ambas ficaram igualmente surpresas com o contato recebido, afinal isso era prova de um sistema de saúde cuidadoso com seus cidadãos; mais ainda, zeloso com a vida humana, já que não somos, nem nunca fomos, contribuintes do erário português. Isabela ainda comentou:

— Poderia até entender que isso se passasse com a mamãe ou com a Heloísa, que possuem passaporte português. Eu tenho passaportes brasileiro e mexicano e você, pai, somente o brasileiro.

De fato, a cidadania portuguesa de Isabela e de Letícia ainda se encontram em seus processos de tramitação junto aos órgãos competentes do país. Havíamos adiantado o processo de Heloísa por causa da proximidade de sua mudança para a Europa.

A DGS não desistiu facilmente. A mesma ligação se repetiu por uns dois dias mais na semana seguinte. Coincidentemente, não pude atendê-los em nenhuma das tentativas, seja porque não estava próximo do celular ou porque havia me distraído com algo mais. Uma pena!

# Pedra e carretéis
(décimo sétimo dia)

No dia seguinte, 14 de janeiro, ao final da tarde e no silêncio de casa em São Paulo, eu conversava com meus botões ou, como digo, eu desfiava meus carretéis. Resolvi então convidar Karina e nossas filhas para tomarmos um café, ali mesmo em casa, e desfiar carretéis juntos. Heloísa havia adiado seu retorno à Espanha, programado inicialmente para o dia 11. Havia conseguido autorização para assistir às aulas de modo remoto, pelo computador. Teria, assim, alguns dias a mais conosco, em São Paulo.

Envolvidos e inebriados com a conversa, estávamos em volta da mesa de jantar, quando perplexo coloquei meus carretéis sobre a mesa para receber Iberê Camargo. O gaúcho fazia da desconstrução sua criação, do obscurantismo sua clareza figurativa, dos tons sombrios a nitidez e do caos de seus riscos e pinceladas a evidência. Inspirados pelos carretéis pintados por ele, que permaneciam sobre a mesa, eu rematava *A viagem a Portugal*, não a de Saramago, mas a minha, a de Karina e a de Isabela. Em poucos instantes e despretensiosamente, todos já tínhamos os carretéis de volta às mãos. Com eles, nossa conversa fluía. Relembrávamos nossos desafios, nossos momentos difíceis, a capacidade de ver a oportunidade na dificuldade, o aprendizado na dor, na cicatriz. A arte de Iberê é inspiradora. Ela sempre me desafiou a ver o axioma no intrincado, o incontroverso na confusão e o cristalino no indecifrável. Nossa conversa era oportuna. Isabela enumerava os exemplos de nossa superação. E eu agradecia, outra vez, à Lua Nova. De acordo com a ligação recebida de Portugal ontem, eu deduzi que o certificado de cura do governo português somente chegaria no décimo sexto dia de nossa quarentena. Seriam, portanto, mais de duas semanas de permanência naquele pequeno quarto. Não me importo com o tempo que passamos ou que poderíamos ter passado isolados em Lisboa. Não era esse o ponto, mas sim o que aprendemos com essa experiência. Embora buscássemos uma viagem para conhecer o exterior, essa havia sido uma viagem para nos dedicar ao nosso interior, uma introspecção. Cada um de nós com a sua intensidade e com a sua velocidade. Nessa perspectiva, dezesseis dias poderiam ser ainda mais jorrantes, mais borbotoantes. Todos concordamos que saímos mais fortes. Isabela interveio novamente.

— Acho que estamos preparados para encontrar pedras no meio do caminho e entender que a vida segue.

Rodeando a mesa de jantar, nós aproveitávamos os últimos goles em fragrantes xícaras de café que evolavam o ambiente e já servíamos uma nova rodada, sempre manipulando e dedilhando nossos carretéis com destreza, na excepcional companhia de Iberê. De súbito, os meus dedos se detiveram e novamente coloquei meus carretéis sobre a mesa. Fui seguido por todos. Silêncio. A surpresa nos tomou a todos, inclusive ao nosso ilustre artista plástico. Perguntei a ele:

— Iberê, você deixou a porta da biblioteca aberta, quando saltou de seu livro, de dentro de suas telas para cá?

Não havia outra explicação plausível. Do centro de minha biblioteca, pelo mesmo caminho percorrido pelo gaúcho, surgia mais um brasileiro de fina estirpe. Iberê não me respondeu, apenas me ajudou a puxar mais uma cadeira para acomodar confortavelmente o poeta. Deixei o espanto de lado e apressei-me para receber Carlos Drummond de Andrade, acomodei-o na cadeira escolhida pelo pintor e reconduzimos nossos carretéis às mãos e aos dedos, incluindo o poeta. Com gosto e mansidão, típicos das Minas Gerais, Drummond apreciava o café e a prosa que lhe tocavam o paladar e os ouvidos. Seguimos por horas desfiando os carretéis pintados por Iberê. Lá pelas tantas, colocamos pedras em perspectiva. A precursão e o modernismo de Drummond haviam produzido uma arenga sábia, uma verdadeira oração que pedi emprestada ao poeta para dividir com as minhas filhas e minha esposa. Uma ladainha para nos acompanhar em todas as situações inusitadas pelas quais viermos a passar, que servirá para nos lembrar de que é possível sempre sobrelevar-se. Drummond já havia sido chamado por Letícia no dia anterior, durante o jantar, quando ela romanticamente nos apresentou sua poesia predileta "Balada do amor através das idades". Acho que a chamada o despertou e ele, atento aos carretéis, ao café e à boa prosa, pulou da biblioteca à mesa de jantar para nos acompanhar naquela redolente conversa de pôr do sol. Isabela dirigiu-se ao poeta:

— Sr. Drummond, acho que encontramos uma pedra no meio de nosso caminho em Lisboa. Não a esperávamos. Na verdade, nunca se espera encontrar uma pedra no meio de seu caminho. Supõe-se que um caminho já esteja aberto, com sorte pavimentado, mas o inusitado nos chegou, nos parou.

— E o que você fez com a pedra? A pedra no meio do caminho, Isabela? — perguntou o poeta.

— Em vez de me lamentar, de me culpar ou culpar a quem quer seja, parei. Acolhi a pedra, entendi o momento e dei significado a ela. Junto com meus pais, buscamos repertório que nos fortalecesse, que nos engrandecesse. Acho que pudemos, assim, construir soluções e aprender com elas. Aprendi que, apesar dos percalços, a vida segue. Depende de nós fazer dos obstáculos pesados fardos para carregarmos ou apenas seguir levemente a viagem.

Pedi ao poeta então para recitar "Meio do Caminho". Achei que era o momento. A conclusão de Isabela não podia ser melhor.

— É isso aí, filha. A vida segue, Bela!

Ele fez melhor, rezou sua litania. Fez isso em um quase silêncio. Ouvia-se somente a sua voz declamando, pausadamente:

"No meio do caminho tinha uma pedra
Tinha uma pedra no meio do caminho…".

Lisboa e São Paulo, dezembro de 2021 a março de 2022.

# Sobre Oxóssi

Encontramos Oxóssi, Karina e eu, domingo à noite em um restaurante tailandês da Wardour St., no Soho, em Londres. Ele vinha pelas mãos de Danic Lago, competente artista plástica brasileira radicada em Londres. Ela e Marcelo, seu esposo, também presente ao jantar, são amigos de longa data. Nina, uma das filhas do casal, e Letícia nos acompanhavam. Foram testemunhas quando Danic nos apresentou a seu Oxóssi, ricamente adornado com as cores de suas matas, de seus rios e de sua terra. Transbordava confiança e com ela irrigava todo o seu entorno. Altivo, mirava para cima em uma clara visão de esperança vicejante. Uma presença! Impressionou-me. Muito. Fiquei intrigado com sua figura feminina. Afinal, Oxóssi é um orixá masculino. Enquanto a conversa fluía, minha mente escapava para aquela bela e intrincada imagem. O emaranhado de sons do ambiente e de nossas conversas me assoprava aos ouvidos que aquela galante figura feminina era, na verdade, a representação de Isabela. De todas as minhas três filhas foi ela que, em Salvador, mais insistia em me dizer que meu orixá era Oxóssi. Só ali, em Londres, entendi. Segundo Isabela, as características desse orixá residem perenemente em mim. Em minha abstração, vi que era eu Oxóssi e que meu livro era o modo de lhe passar a indumentária, as armas, o escudo, enfim, todo o *aplomb*[37] necessário para que ela, investida, pudesse altivamente enfrentar os desafios e as pedras que se apresentarem em seu caminho. Era, portanto, aquela exuberante figura que haveria de ocupar a capa de meu livro. *De jure et de facto*[38].

Obrigado, Oxóssi! Obrigado, Danic Lago!

Londres, maio de 2022.

---

[37] Do francês, desenvoltura, segurança e elegância percebidos no comportamento de uma pessoa.
[38] Do latim, pelo direito/ lei e pela prática/ costume.

# Agradecimentos

Quero registrar agradecimentos a todos que contribuíram com o projeto de criação, elaboração, revisão e publicação deste livro.

A minha família, em especial, apoiadora incondicional dessa façanha: Karina Pacheco de Castro Alonso Maimone, minha esposa, e minhas filhas Heloísa Alonso Maimone, Letícia Alonso Maimone e Isabela Alonso Maimone. Foram incansáveis propulsoras da ideia à execução, dando-me força, atenção, carinho e tempo para a realização deste projeto. A elas o meu amor, minha devoção e reconhecimento da importância e grandeza que têm para mim. Se há que culpar alguém sobre a escrita desse livro? Certamente Isabela e Karina. Elas foram as centelhas desse livro.

Aos meus amados pais, Jaime Maimone (*in memoriam*) e Luzia Sara Villa Maimone, que iniciaram minhas fundações com vigor e que despertaram em mim o gosto pelo conhecimento.

À amiga e escritora Juliana Marinho, pelo obstinado incentivo e apoio na elaboração deste projeto, apresentando-me os passos de como idealizar e executar a publicação e a divulgação de um livro.

Aos queridos amigos Andrea França, Eduardo Lunardelli Novaes, Marcelo Cioffi e Marco Castro, que prodigiosamente contribuíram com leituras prévias e sugestões muito bem-vindas, incentivando-me às visões outras e sendo provocadores de perspectivas.

Aos familiares e amigos que passeiam anonimamente pelo livro e que emprestam sabor à narrativa em situações completamente reais, sem qualquer linha ficcional.

A Danic Lago, nossa eterna amiga Daniela Burity, autora de Oxóssi que, marcantemente toma por seu direito a capa deste livro.

Às vultosas inspirações de Agatha Mary Clarissa Christie, Albert Uderzo, Alexander Fleming, Alexandre Manuel Dias Farto (Vhils), Alfred Hitchcock, Amália Rodrigues, Amos Tversky, Arthur Ignatius Conan Doyle, Carlos Drummond de Andrade, Castro Alves, Charles Robert Darwin, Francisca da Silva de Oliveira (Chica da Silva), Claudionor Viana Teles Veloso (Dona Canô), Constantin Stanislavski, Daniel Kahneman, Dante Alighieri, Dorival Caymmi, Edgar Allan Poe, Elza Soares, Érico Veríssimo, Federico Garcia Lorca, Fernando Pessoa, Ferrer Trindade, Frank Sinatra, Franz Kafka, Gengis Khan, Gilberto Gil, Guita Mindlin, Hans Christian Andersen, Iberê Camargo, Jaciara de Jesus (Cira do Acarajé), Jacob Ludwig Carl Grimm (Irmãos Grimm), Jorge Amado, José Mindlin, José Saramago, Juscelino Kubitschek, Ludovico Ariosto, Luís de Camões, Maria Escolástica da Conceição Nazaré (Mãe Menininha do Gantois), Maria José Dupret, Oswaldo França Júnior, Paulo Vanzolini, Maurice Leblanc, Maurício de Sousa, René Goscinny, Robert R.

Minkoff, Roberto Benigni, Roberto Campos, Roberto Marinho de Azevedo (Apícius), Steven Spielberg, Teófilo Ottoni, Tereza Paim (Casa de Tereza), The Beatles, Vinícius de Moraes, William Shakespeare, Wilhelm Carl Grimm (Irmãos Grimm), Winston Churchill e Zélia Gattai, dando vida e sentido ao roteiro da obra.

A todos os ilustres personagens da história do Brasil e de Portugal, cujas citações e prosopopeias me proporcionaram muito prazer.

Ao nosso agente de viagens em São Paulo e aos funcionários do Hotel Tivoli de Lisboa e da DGS (Direção Geral de Saúde de Portugal).

A Carolina Maimone Falco, minha irmã, pelo apoio nos movimentos iniciais de lançamento do livro.

Por fim, aos editores e revisores pela paciência e dedicação que emprestaram a mim e ao projeto.

Este livro foi composto por letra em Adobe Garamond Pro
12,0/16,0 e impresso em papel Pólen Bold 90g/m².